商业计划书

写作技巧与范本精讲

刘 畅◎编著

清华大学出版社
北京

内容提要

本书是关于商业计划书写作技巧与范本精讲的工具书，全书共10章，可分为4个部分。第一部分为商业计划书基础入门知识；第二部分为商业计划书核心内容写作讲解；第三部分介绍了财务分析、风险规避、融资计划等内容的写作；第四部分为案例实战分析。

全书以"基础知识+实例范本"的编写体例进行讲解，不仅介绍了商业计划书撰写的基本思路和方法，还展示了各种典型案例，包括Word和PPT版本的案例，帮助读者真正掌握不同类型商业计划书撰写的技巧。本书读者对象为创业者、企业管理者以及需要用商业计划书规划市场战略、实现融资目的的相关人士，希望通过学习本书读者能够更顺利、更出色地完成商业计划书的写作。

本书封面贴有清华大学出版社防伪标签，无标签者不得销售。

版权所有，侵权必究。举报：010-62782989，beiqinquan@tup.tsinghua.edu.cn。

图书在版编目（CIP）数据

商业计划书写作技巧与范本精讲 / 刘畅编著 . —北京：清华大学出版社，2023.7
ISBN 978-7-302-64211-4

Ⅰ . ①商… Ⅱ . ①刘… Ⅲ . ①商业计划—文书—写作 Ⅳ . ① F712.1

中国国家版本馆 CIP 数据核字（2023）第 133980 号

责任编辑：李玉萍
封面设计：王晓武
责任校对：张彦彬
责任印制：宋　林

出版发行：清华大学出版社
　　　　　网　　　址：http://www.tup.com.cn，http://www.wqbook.com
　　　　　地　　　址：北京清华大学学研大厦 A 座　　　　邮　　编：100084
　　　　　社 总 机：010-83470000　　　　　　　　　　邮　　购：010-62786544
　　　　　投稿与读者服务：010-62776969，c-service@tup.tsinghua.edu.cn
　　　　　质 量 反 馈：010-62772015，zhiliang@tup.tsinghua.edu.cn
印 装 者：天津鑫丰华印务有限公司
经　　销：全国新华书店
开　　本：170mm×240mm　　　印　　张：17　　　字　　数：326 千字
版　　次：2023 年 9 月第 1 版　　　印　　次：2023 年 9 月第 1 次印刷
定　　价：59.80 元

产品编号：095975-01

前　言

编写目的

　　商业计划书既是沟通工具，也是管理工具，创业者以及初创企业要吸引投资人投资，找寻战略合作伙伴，做企业发展规划，都需要商业计划书。商业计划书的内容很多，包含的信息量也很丰富，掌握商业计划书的基本写作方法和技巧，能让商业计划书的撰写更为顺利，从而撰写出能打动投资人、合作伙伴的优秀的商业计划书。

本书内容

　　本书共10章，从基础写作快速入门开始，对商业计划书的框架结构、正文内容、写作技巧进行介绍。全书主要分为4个部分，每部分内容都以"基础知识+实例分析"为讲解方式，具体如下。

部分	章节	内容
基础写作快速入门	第1~3章	该部分从商业计划书的目录框架设计、关键要素写作、文档排版出发，介绍了商业计划书撰写的流程、关键要点以及排版美化技巧，帮助读者从全局认识商业计划书的写作要点，方便其后续内容的学习
核心内容写作	第4~7章	该部分主要介绍了商业计划书摘要、产品与服务、营销策略、行业和市场分析、竞争和优劣势分析的撰写，帮助读者了解商业计划书核心内容的写作要点
财务与融资写作	第8~9章	该部分主要介绍了商业计划书财务分析与预测、风险说明、融资需求和退出方式的写作，帮助读者了解如何进行股权估值，进行财务预测和融资规划
实战分析	第10章	该部分介绍了Word和PPT版本的商业计划书实例，帮助读者把握并提高商业计划书写作的具体技巧

本书特点

◎基础知识

本书围绕商业计划书具体的内容，将知识点分门别类进行介绍，帮助读者循序渐进地了解商业计划书的目录框架、主体内容的撰写方法。

◎实例范本

针对商业计划书各部分内容的写作，本书提供了Word和PPT版本的实例，从商业计划书案例中节选精彩内容进行解析，让读者了解优秀的商业计划书是如何撰写的，帮助读者理清商业计划书撰写的逻辑和思路，读者也可借鉴其中的写作技巧。

◎拓展贴士

为了丰富本书的内容与结构，编者特别增加了拓展贴士内容，以补充商业计划书写作的相关技巧。

读者对象

本书主要适用于正在筹划创业的初创人士、有融资计划需要争取投资的初创团队和公司、需要招募合伙人的创业者，以及需要制定、改进公司商业战略规划和盈利模式的中小型企业的管理人员。另外，本书也适合有对外合作、进行企业发展规划、有招商需求的企业、管理人员及相关人士阅读或作为参考用书。同时，本书还可以作为各类高等院校市场营销、企业管理等专业学生的培训教材。

由于编者知识有限，在编写过程中或有不足之处，恳请专家和读者不吝赐教。

编　者

目　录

第1章　从零起步，揭秘商业计划书

1.1　商业计划书的作用 ···2

1.1.1　梳理：创业者自我思路分析 ·······················2

1.1.2　规划：企业壮大发展的引导 ·······················3

【实例分析】战略发展规划为企业发展提供可执行方案 ···········3

1.1.3　沟通：合伙人间的交流工具 ·······················4

1.1.4　筹资：融资时的说明与承诺 ·······················5

1.2　商业计划书的类型 ···6

1.2.1　工作型商业计划书 ·······························6

【实例分析】××企业商业计划书目录 ·······················7

1.2.2　路演型商业计划书 ·······························9

【实例分析】××项目路演型商业计划书 ·····················10

1.2.3　验证型商业计划书 ······························12

【实例分析】通过财务分析说明企业的发展潜力 ················13

1.3　商业计划书的框架结构 ··15

1.3.1　封面内容的版式设计 ····························15

1.3.2　目录与摘要 ·································17

【实例分析】用目录展示商业计划书结构框架 ···················17

【实例分析】路演型商业计划书目录展示演示文档主要内容 ··········18

1.3.3　企业形象或项目展示 ····························19

【实例分析】××公司基本情况介绍突出优势 ···················19

1.3.4　核心产品或技术介绍 ·· 21

　　【实例分析】产品介绍阐述优势 ······························· 21

1.3.5　行业市场/竞争分析 ··· 22

　　【实例分析】市场分析展示项目前景 ························· 23

1.3.6　项目财务规划与预测 ·· 24

　　【实例分析】财务计划 ·· 24

1.3.7　融资计划与用途 ·· 26

　　【实例分析】融资计划表明需要多少资金 ················ 26

1.4　商业计划书的撰写流程 ·· 27

1.4.1　做一份思维导图 ·· 27

1.4.2　时刻记录你的Idea ·· 29

1.4.3　将重点内容落实于纸笔 ··· 30

1.4.4　细节修订和完善 ·· 31

第2章　商业计划书的成败关键

2.1　商业计划书的必备要素 ······································ 34

2.1.1　开篇能吸引人 ···34

　　【实例分析】开篇展示团队优势和经验 ···················· 34

2.1.2　简明扼要的表述 ···36

2.1.3　详尽的数据支撑 ···38

2.1.4　讲"故事"的技巧 ··40

2.2　做一个投资者画像 ··· 42

2.2.1　从投资者角度看待项目 ··42

2.2.2　做有针对性的计划书 ··44

2.3　翔实的市场调查 ··· 47

2.3.1　市场调查的主要方法 ··47

2.3.2　市场调查的数据类型 ··50

2.3.3　做好商业计划书市场调查和分析 ·························52

2.4　商业计划书的常见败笔 ·· 54

2.4.1　语言混乱，废话多 ··55

【实例分析】语言简练清晰，让计划书重点突出 ············55

2.4.2　宣讲人与执笔者脱钩 ··56

2.4.3　商业计划书常见的其他错误 ································58

第3章　商业计划书的制作细节

3.1　商业计划书撰写技巧 ·· 60

3.1.1　内容的合理规划 ··60

3.1.2　图表更具说服力 ··61

3.1.3　善用图示化表达 ··64

3.2　Word制作精读计划书 ·· 68

3.2.1　文档排版基本技巧 ··68

3.2.2　商业计划书目录的展示 ······································72

3.2.3　图表的选择与制作 ··73

3.3　PPT制作宣讲计划书 ··· 80

3.3.1　PPT版本商业计划书制作规范 ····························80

3.3.2　PPT要凸显的主要内容 ······································82

【实例分析】PPT版本商业计划书第一页的亮点设计 ········82

【实例分析】用简洁的语言介绍项目 ·····························83

【实例分析】市场痛点分析 ···85

【实例分析】发展规划说明 ···86

3.3.3　PPT的排版技巧 ··86

3.3.4　PPT版本商业计划书的细节美化 ·······················90

第4章　商业计划书的撰写起步

4.1　让摘要明确点题 ·· 94

4.1.1　提纲式摘要的写作格式 ······································94

【实例分析】商业计划书提纲式摘要 ································· 94

4.1.2 描述式摘要的写作格式 ··· 97

【实例分析】商业计划书描述式摘要 ····························· 97

4.2 附录中应展示什么 ··· 99

4.2.1 附录的作用 ···99

4.2.2 附录的撰写要点 ···100

【实例分析】××室内园林设计公司商业计划书附录 ············· 100

4.3 展示你的公司 ··· 102

4.3.1 公司简介 ···103

【实例分析】××乳业股份有限公司商业计划书公司简介 ········· 103

4.3.2 公司的定位与规划 ··105

【实例分析】××材料科技公司商业计划书公司战略与三年规划 ········ 106

4.3.3 公司发展历程与成绩 ··108

【实例分析】××食品有限公司商业计划书公司沿革 ············· 109

4.4 一个合格的团队介绍 ··· 111

4.4.1 创始人和领导层介绍 ··111

【实例分析】××新媒体项目商业计划书团队及管理组织 ·········· 112

4.4.2 团队的职能结构 ···114

【实例分析】××玩具公司商业计划书团队管理 ················· 115

4.4.3 团队成员持股情况 ··118

【实例分析】××科技公司商业计划书股权结构表 ··············· 120

第5章 商业计划书的核心环节

5.1 项目产品和服务的具体分析 ································· 124

5.1.1 产品和服务的主要内容 ···124

【实例分析】××保健食品商业计划书产品与服务介绍 ··········· 125

5.1.2 产品和服务优势分析 ··128

【实例分析】××软件公司商业计划书产品优势内容 ············· 129

5.2 主要产品与服务的阐述 ·· 131

  5.2.1 产品与服务功能介绍 ·· 131

    【实例分析】××无人机智能监控系统商业计划书产品功能介绍 ········ 132

  5.2.2 产品与服务特点介绍 ·· 136

    【实例分析】××支付工具商业计划书产品特点介绍 ··············· 136

    【实例分析】××面包烘焙食品商业计划书PPT产品介绍 ············ 137

  5.2.3 产品与服务核心技术介绍 ······································ 139

    【实例分析】××电子科技公司商业计划书产品技术优势介绍 ········· 139

    【实例分析】××护发产品商业计划书PPT核心技术介绍 ··········· 142

5.3 项目营销策略分析 ·· 144

  5.3.1 营销策略的主要内容 ·· 144

    【实例分析】××汽车环保技术公司商业计划书营销管理内容 ········· 145

  5.3.2 PPT中营销规划的撰写 ·· 149

    【实例分析】××连锁品牌烤肉商业计划书营销模式内容 ············ 150

第6章 行业与市场大环境分析

6.1 消费者分析 ·· 152

  6.1.1 如何描绘消费者画像 ·· 152

  6.1.2 目标受众群体分析 ·· 154

    【实例分析】××酒店商业计划书消费者行为分析 ················· 154

6.2 深入分析行业 ··· 158

  6.2.1 行业分析的主要内容 ·· 158

  6.2.2 行业基本情况概述 ·· 161

    【实例分析】××水质监测项目商业计划书行业综述 ··············· 162

  6.2.3 行业发展分析 ·· 164

    【实例分析】××特殊钢材项目商业计划书行业发展分析 ············ 164

  6.2.4 行业的竞争分析 ·· 168

    【实例分析】××显示屏项目商业计划书行业竞争格局分析 ·········· 168

6.2.5 商业计划书PPT行业分析 ··· 171

【实例分析】××电竞社区商业计划书PPT行业分析 ················· 171

6.3 目标市场分析 ··· 172

6.3.1 市场分析的主要内容 ··· 172

6.3.2 产品市场预测 ··· 174

【实例分析】××燃料项目商业计划书市场预测 ····················· 174

6.3.3 商业计划书PPT市场分析 ··· 178

【实例分析】××新活细胞商业计划书PPT市场分析 ················· 179

第7章 竞争对手和优劣势分析

7.1 竞争对手概括 ··· 182

7.1.1 如何界定竞争对手 ··· 182

7.1.2 竞争对手的分类 ··· 183

7.2 竞争对手分析 ··· 184

7.2.1 有效分析竞争对手 ··· 184

7.2.2 如何做好竞争对手分析 ··· 187

7.2.3 主要竞争对手分析如何撰写 ··· 189

【实例分析】××酒店用品公司商业计划书主要竞争对手分析 ·········· 189

7.2.4 现有和潜在竞争者分析 ··· 193

【实例分析】××第三方物流公司商业计划书现有和潜在竞争者分析 ···· 193

7.3 自身优劣势分析 ··· 197

7.3.1 SWOT分析法 ··· 197

7.3.2 商业计划书SWOT分析说明 ··· 199

【实例分析】××厨房网项目商业计划书SWOT分析 ··················· 199

7.3.3 自身竞争优势阐述 ··202

【实例分析】××农业项目商业计划书竞争优势分析 ··················· 204

【实例分析】××无人货架项目商业计划书PPT竞争优势分析 ·········· 207

第8章 财务规划与风险规避

8.1 财务相关数据分析 ·· 210

8.1.1 财务基础数据 ·· 210

8.1.2 财务报表数据 ·· 212

8.1.3 财务指标数据 ·· 212

8.2 财务分析与预测 ·· 216

8.2.1 财务报表分析预测 ·· 216

【实例分析】××太阳能项目商业计划书财务报表预测 ·················· 217

8.2.2 财务指标分析预测 ·· 221

【实例分析】××3D打印项目商业计划书财务比率分析 ·················· 221

8.3 项目风险说明 ·· 224

8.3.1 风险类型分析 ·· 224

8.3.2 本项目风险预测和应对 ·· 226

【实例分析】××智能技术公司商业计划书风险分析及控制 ··············· 226

【实例分析】结合企业发展阶段制定风险应对措施 ·················· 229

第9章 融资计划与退出机制

9.1 做好企业的估值和股权分配 ·· 232

9.1.1 企业估值的方法 ·· 232

9.1.2 投资人股权分配 ·· 235

9.2 明确具体的融资需求 ·· 236

9.2.1 资金缺口和计划 ·· 236

9.2.2 资金到账方式和时间 ·· 238

9.2.3 融资计划内容撰写 ·· 239

【实例分析】××软件公司商业计划书融资计划 ·················· 239

9.3 投资者的资金退出方式 ································· 242

　9.3.1　上市退出 ································· 242

　9.3.2　并购退出 ································· 245

　9.3.3　股权回购 ································· 246

　9.3.4　股权转让 ································· 246

　9.3.5　清算退出 ································· 247

　9.3.6　投资退出方式说明 ················· 248

　　【实例分析】××药业公司商业计划书退出方式 ··············· 249

第10章　商业计划书实战分析

10.1　餐饮食品商业计划书 ················· 252

　　【实例分析】××速食产品商业计划书 ················· 252

10.2　智能科技商业计划书 ················· 255

　　【实例分析】××智能化服务平台商业计划书PPT ············· 256

第1章　从零起步，揭秘商业计划书

商业计划书（Business Plan，BP），是用商业语言来描述项目计划的书面材料。商业计划书既是创业者融资的"敲门砖"，也是创业者梳理创业思路、进行市场分析的重要工具。因此，商业计划书既是给投资人看的，也是给创业者自己看的。

梳理：创业者自我思路分析
规划：企业壮大发展的引导
沟通：合伙人间的交流工具
筹资：融资时的说明与承诺

扫码获取本章课件

1.1　商业计划书的作用

商业计划书是一份全面展示公司或项目目前状况、未来发展潜力的计划书，其对内容和格式都有一定的要求。商业计划书的用途有以下 4 点。

1.1.1　梳理：创业者自我思路分析

编写商业计划书能够帮助创业者进行思路分析，对企业或项目有一个更深入的全方位的了解。商业计划书的内容一般包括企业 / 项目概况、研究与开发、产品或服务、行业与市场、风险因素等。在制定商业计划书的过程中，创业者需要对行业市场、竞争环境、目标客户和发展战略等进行分析，这会使创业者对其商业项目和创业思路进行梳理，从而明确其商业构思、发展路径及业务走向等。

在创业过程中，有许多好的思路和项目，如果不进行梳理与分析，创业者就无法了解该商业模式所蕴藏的机遇或不足。通过商业计划书对创业思路进行分析，可以帮助创业者检查商业模式的运作构思是否可行，从而降低试错成本。

从以上内容可以看出，商业计划书其实是一个计划管理工具，它能够引导创业者了解项目的运作模式，分析市场和目标用户，找准商业定位，从而确定行动计划，同时帮助创业者分析项目可能面临的挑战，并在危机来临之前及时制定应对措施，做到防患于未然。

对创业者来说，无论项目如何，都有必要通过商业计划书梳理创业想法和计划，从而让自己对项目的商业模式以及战略规划有明确认识，这对实施创业好处良多。

拓展贴士 *什么时候开始准备商业计划书*

在开始创业前，如果创业者不清楚如何着手去做，那么通过商业计划书来厘清思路和行动是很有必要的。因此，尽早准备商业计划书，对创业者来说是很有帮助的。另外，商业计划书不是一次性编写完成的，随着项目的发展、新思路的浮现、知识见解的积累，商业计划书也需要不断补充、调整和完善。

1.1.2 规划：企业壮大发展的引导

很多大中型企业都会定期编写商业计划书，因为商业计划书能为企业的成长发展提供指引。在商业计划书中，会对项目背景、目标客户、发展规划、问题和解决方案等进行分析，其中规划性的内容通常包含营销策略、公司未来的战略发展规划等。以下为某大数据应用平台商业计划书中关于公司未来的战略发展规划的部分内容。

实例分析 **战略发展规划为企业发展提供可执行方案**

七、未来公司的战略发展规划

7.1 公司的使命和愿景

愿景：用数据改变世界。

使命：为全球中小企业提供持续的源动力。

价值观：成长、价值、伴侣。

人才观：信任、创新、聆听、批评。

经营理念：关注细节，用数据为客户创造价值。

7.2 建立与企业直接关联的大数据应用平台

通过"管理咨询+××智能管理"软件的模式，增强对企业客户的黏性，借助××××云平台对企业行业数据进行收集和存储，再借助大数据应用，提升企业的市场预测能力和管理预防能力等，持续为企业提供发展源动力。

首先，在新经济时代，企业管理的基础是建立商业模式，但是商业模式的形成、固化到高效运行，必须建立在数据分析的基础上；其次，依赖人的管理向依靠体系转变。在现代管理中，对个人的依赖程度越大，管理风险越大，所以要想高效管理企业，必须摆脱对个人主观和经验的依赖，通过数据应用扩大人对未来的预知能力，让管理更加客观和精准。

7.3 实现数据应用与移动商务无缝对接

大数据应用主要借助云技术的发展实现，而云计算与移动终端可以实现数据互换，通过数据互换实现大数据运用，这样可以更加便捷地为企业和个人提供高效的数据服务，开辟移动商务的新纪元。

一方面，通过××××云平台将企业数据和行业数据按分析维度存放在数据仓库中，并借助数据挖掘技术实现数据服务；另一方面，通过移动终端与××××云平台交换数据，为企业和个人提供预测服务，提升数据应用的频率，最大限度挖掘数据的潜在价值。

很多创业者和企业管理者都清楚，企业／项目的经营存在很多不确定性，而战略规划是结合外部环境、自身条件以及市场变化而制定的，这能帮助创业者和企业管理者有效应对经营活动中的不确定性。

本案例中某大数据应用平台通过商业计划书确定了公司的使命、愿景和发展方向，这能让团队成员清楚什么是重要的、应该做什么，有了一致的行动路径和目标，可以为项目管理和执行提供指南，也能增强团队成员的凝聚力和向心力，从而提高企业的持久竞争力。

另外，商业计划书还是一个计划工具，相当于计划表。商业计划书会对项目的优势、劣势、机会以及威胁进行分析，帮助创业者认清障碍，以便于提前做好应对措施，从而更从容地应对机遇和市场变化，为企业的壮大提供有力保障，科学把握未来发展。除此之外，很多创业者都需要通过商业计划书为企业融资，有了资金，企业才能快速发展，所以，商业计划书对企业成长与发展至关重要。

1.1.3 沟通：合伙人间的交流工具

商业计划书也是项目合伙人之间的交流工具，这种交流体现在以下几个方面。

◆ 在创业初期，创始人往往会通过商业计划书来寻找合伙人，商业计划书是沟通的重要工具。

◆ 撰写商业计划书时，要求编写者对企业/项目有足够的了解，在撰写过程中，团队合伙人一般也要参与进来，彼此交流企业成长历史、未来成长方向及愿景等内容。

◆ 商业计划书中有对企业/项目的介绍，通过阅读商业计划书，合伙人可以了解项目的运作模式和发展前景等相关信息。

◆ 一份好的商业计划书能够提高团队成员的信心，让团队更有凝聚力，促进彼此间的交流。

◆ 为了确保商业计划书能够反映项目目前的状况和发展潜力，在编写商业计划书的过程中，成员间会进行深入交流，管理团队之间的交流和联系也会更为紧密。

◆ 商业计划书撰写完成后，团队内部成员会进行计划书的阅读检查，该环节也会促进合伙人之间的交流。

◆ 作为一种书面材料，商业计划书具有信息传递的作用，其所具备的沟通功能不言而喻。

商业计划书作为一种信息传递的载体，其沟通作用并不局限于合伙人、管理团队之间，它能够搭建起创业者、投资人、战略合作伙伴以及其他利益相关者之间沟通的桥梁。

1.1.4 筹资：融资时的说明与承诺

融资是很多创业者和企业编制商业计划书的主要目的。创办一家公司或开展一个新项目并不是简单的"游戏"，如果没有资金的支持，想要扩大经营、占领市场都是极为困难的。为了争取更快的发展，很多创业者都会找寻合伙人或投资人，以此来获得更多的资金。

融资的方式有多种，利用商业计划书来吸引投资人参与项目投资就是一种主要的方式。目前，市场上有很多融资平台为创业者和投资人提供沟通的桥梁，在该环节中商业计划书扮演着重要的角色，如图 1-1 所示。

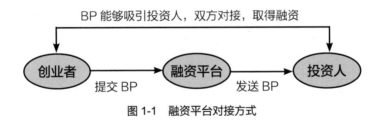

图 1-1 融资平台对接方式

因此，商业计划书是获得投资人关注与融资的关键因素之一，如果商业计划书无法吸引投资人，要想取得融资便较为困难。

在融资过程中，商业计划书还发挥说明与承诺的作用。创业者想要获得融资，需要让投资人看到其项目的发展潜力和投资收益，所以，创业者常常会在商业计划书中对其企业价值进行说明，并做出业绩承诺，或者对未来收益率做出前瞻性的预测。

商业计划书具有一定的前瞻性，但未来的发展具有不确定性，因此，很多投资人会在商业计划书的基础上，与创业者或企业签订单独的投资回报承诺协议，以应对未来的风险和不明确因素。若商业计划书中的目标没有按时实现，投资人可能会调整项目估值，或者进行利益的重新分配。

总之，商业计划书不仅是投融资的重要工具，也具有沟通、梳理、引导的作用。

1.2 商业计划书的类型

商业计划书有多种类型，如工作型商业计划书、路演型商业计划书和验证型商业计划书，不同的类型使用场景也会有所差异。

1.2.1 工作型商业计划书

工作型商业计划书一般在企业内部使用，这是与路演型商业计划书、验证型商业计划书的差异所在。工作型商业计划书多以 Word 文档的形式进行撰写，这样能详细展示重要信息和细节内容。

工作型商业计划书不以融资为目的，面向的群体是团队成员，所以此类商业计划书通常也是企业内部工作人员的工作指南。在工作型商业计划书中一般会对项目的发展目标、营销策略、研究与开发、未来计划进行梳理，为团队成员提供工作指导。工作型商业计划书具有以下两大特点。

内容全面，有针对性。工作型商业计划书面向的群体是团队成员，所以内容会很全面，并且具有针对性，一些重点内容的篇幅验证也会比较丰富，比如企业发展前景、产品和服务等。一些企业制作的工作型商业计划书，内容可能多达几十页。

排版更为简洁。相较于路演型商业计划书和验证型商业计划书，工作型商业计划书只提供给内部人员阅读，因此，在排版上会更为简洁，页面看起来简洁大方即可。而其他类型的商业计划书，除要注重内容外，还要注意排版，不仅要美观，还要易于阅读。如下所示为某企业工作型商业计划书目录。

实例分析 ×× 企业商业计划书目录

1. 摘要 4

1.1 项目公司 4

1.2 市场营销 4

1.3 营运与管理 5

1.4 投资与财务 5

2. 项目规划 5

2.1 酒店位置及现状 5

2.2 许可经营及法律文件 6

2.3 项目总体规划 6

3. ×× 市环境评估 7

3.1 区位优势 7

3.2 区域经济 10

4. 酒店行业概况 11

4.1 酒店业概况 11

4.2 酒店业经济特点 15

4.3 酒店业发展趋势 16

5. 市场、竞争和项目定位 18

5.1 ××酒店市场分析预测 18

5.2 竞争分析 21

5.3 项目目标定位 25

6. 发展规划 26

6.1 总体设想 26

6.2 公司发展战略步骤设想 26

7. 市场营销 27

7.1 目标市场 27

7.2 产品与服务 28

7.3 定价 28

7.4 销售渠道 28

7.5 公关宣传策略 29

7.6 销售激励制度 31

8. 营运和管理 31

8.1 基本业务流程 31

8.2 管理团队 36

9. 投资与财务评价 36

10. 风险与对策分析 43

11. 结论 45

从上述目录可以看出，该工作型商业计划书的内容很丰富，以 Word 文档形式进行展现，内容多达 45 页。对项目的基本情况做了全面分析，涵盖基本介绍、项目规划、市场环境评估、竞争分析、营运和管理等内容。通过该工作型商业计划书，团队成员能够了解到企业的发展计划、面临的市场竞争、管理结构以及风险应对措施等。

针对内部人员的工作型商业计划书，其内容应具体、详细，这样才能使商业计划书发挥指导作用。本例在介绍"市场营销"时，从目标市场、产品与服务、定价、销售渠道、公关宣传策略和销售激励制度的角度进行了详细阐述，能让员工对项目的市场营销状况有深入的认识和了解。

在制作工作型商业计划书时，排版和装订可以简洁一些，但是关于事实数据、市场分析、目标计划和防范措施分析等内容应客观真实、细致全面。内部人员阅读工作型商业计划书不会受时间的限制，他们可以对计划书内容进行充分的阅读和理解。工作型商业计划书在具体制作时，应注意以下几点。

- ◆ 根据企业 / 项目实际的发展情况来制定计划书，确保行动方案切实可行。

- ◆ 计划书的内容应力求全面完整，对企业 / 项目面临的重要问题进行重点分析和阐述。

- ◆ 工作型商业计划书要突出重点内容，重点内容的篇幅可以多一点，如项目近期销售业绩、新产品开发状况和工作计划等，对于不重要的内容，则可以少着笔墨。

- ◆ 计划也可能出现"意外"，因此，风险防范和应对措施是工作型商业计划书中应具备的内容，以便公司在出现风险时，可以按照应急预案妥善应对，尽量减少损失。

1.2.2　路演型商业计划书

路演型商业计划书以融资为主要目的，面向的群体主要是投资人，包括风险投资者和机构投资者。在路演过程中，投资人并没有充足的时间与耐心倾听关于企业以及项目的所有内容，所以，路演型商业计划书更像一个"微型手册"，主讲人需要抓住重点，以简洁、清晰、精练的语言来阐述商业计划书的内容。

路演型商业计划书是针对路演而制作的，是为了便于投资人快速了解企业和项目，此类商业计划书主要以 PPT 形式进行呈现，其具有以下特点。

页面较少。路演型商业计划书的内容一般在 30 页以下，内容主要为需突出的要点和重要数据。

演说时间短。在路演过程中，留给主讲人演说的时间比较短，主讲人需要在短时间内展示项目重点，介绍融资内容。

图示化展示。路演型商业计划书一般以 PPT 为载体，在表达上，多采用少文多图的方式，以图示和图表的形式来展示，更利于投资人阅读和理解。如下所示为 ×× 项目路演型商业计划书的部分内容。

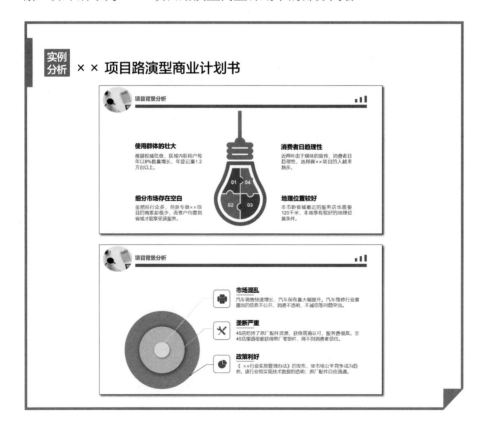

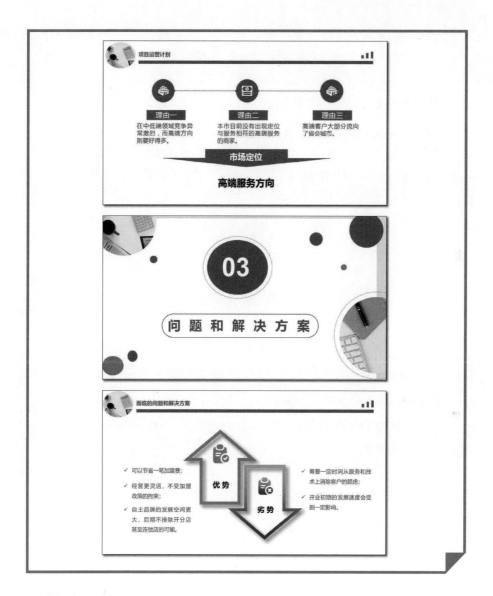

点评分析

　　上述路演型商业计划以 PPT 的形式说明了项目背景分析、项目运营计划、面临的问题和解决方案等内容。从展示的部分内容来看，该路演型商业计划书直奔主题，并没有过多的文字内容，而是以图示化的语言来展示项目核心点，具有简洁、美观、舒适、整齐和直观的特点。

这样的展示方式再配合现场演示和辅助演讲，观众可以一边看一边听，既便于主讲人把控节奏，也能使演讲效果丰富有效。

拓展贴士 *什么是路演*

路演是企业和创业者进行融资的主要宣传方式，是指在公共场所进行演说、产品演示，向投资方宣传推广公司、项目团队、创业思路和商业模式的一种方式。路演能够促进企业 / 创业者与投资方之间的交流，使企业和创业者融得资金。

一般来说，规范的路演有时间规定，比如 5 ～ 15 分钟，在制作路演型商业计划书时要注意以下几点。

◆ PPT 应力求简洁直观，避免杂、乱、繁，内容尽可能简练以及视觉化，以使陈述更方便，听者也更易理解。

◆ 计划书的内容应具有逻辑性，要遵循 PPT 的结构逻辑，内容应呼应目录，避免条理不清，否则会让观众感到莫名其妙，不得要领。

◆ 整体应美观大方，布局以及风格配色上要符合项目的特点，不可过于花哨，最好选择易被大众接受的色彩。

◆ 控制好 PPT 的页数，在内容上直奔主题，细节问题可以在演说结束后详谈。

1.2.3　验证型商业计划书

验证型商业计划书主要用于复谈环节。投资人对企业和项目初步认可后，为更详细地了解企业和项目，会再次与创业者进行沟通，而验证型商业计划书就是为进一步取得投资人的信任而准备的。

验证型商业计划书除了要阐述项目的具体情况外，还需要对项目的可行性、商业模式和发展前景等进行验证和说明，因此，验证型商业计划书也被称为说明型商业计划书。

要取得融资并不是一件容易的事，而验证型商业计划书就是取得融资的助推器。可以看到，验证型商业计划书与路演型商业计划书在使用阶段上存在差异，其具有以下特点。

数据分析验证。在验证型商业计划书中会提供各方面的分析数据，以体现项目的可行性、发展潜力以及投资回报，并据此来进一步说服投资人。因此，在验证型商业计划书中可以看到很多数据，比如财务报表分析数据、市场调研数据、转化率数据等。

内容有重点。验证型商业计划书应有重点，由于投资人对企业和项目已有初步了解，所以在验证型商业计划书中关于企业简介和管理团队等内容可以简写，侧重于展示产品服务、市场分析和财务分析等方面的内容。

内容不能过简。验证型商业计划书不能像路演型商业计划书一样简洁，内容应翔实、具体，这样才能说服投资人，获得投资人信任。如果让投资人认为提供的验证型商业计划书不具备说服力，将不利于取得融资。如下所示为某公司验证型商业计划书中关于财务评价的内容。

实例分析 **通过财务分析说明企业的发展潜力**

　　第九部分　财务计划

　　基于前面相关的行业市场、销量、成本等方面的预测，同时根据会计准则中关于期间费用等方面的相关规定，完成了对公司未来三年财务报表的预测。同时，根据财务报表的相关数据，做出有关的财务指标分析如下。

　　×× 公司开销预算表（略）

　　×× 公司资产负债表（略）

　　×× 公司利润表（略）

　　×× 公司现金流量表（略）

　　1. 流动性分析

　　现金周转率

年份	20××	20××	20××
货币资金 / 总资产	74.73%	81.49%	87.13%

从上表中可以看出，公司最初的现金周转率就超过了 50%，具有很高的流动性，因此不必担心公司现金周转不足的问题。因为刚成立的公司很难从银行得到足够的贷款，所以必须用足够的流动资金来保证企业的正常运行。当企业稳定发展之后，必将用丰富的流动资金投资其他回报率高、风险低的投资项目，以争取更高的收益。

2. 盈利能力分析

销售净利率

年份	20××	20××	20××
净利润/销售收入	65%	69.4%	66.6%

从上表中可以看出，公司的销售净利率较高且保持相对稳定的发展，说明本公司获利情况很好，可为以后公司的发展吸引更多的投资商和合作伙伴。

3. 资产报酬率

年份	20××	20××	20××
净利润/总资产	12.96%	13.46%	11.61%

把企业一定期间的净利润与资产做比较，可反映企业资产利用的综合效果。由以上数据可看出，企业的资产利用效率比较高、可持续增长能力很强，企业有长期发展潜力，能够获取长期的高收益。

点评分析

上述验证型商业计划书中关于公司开销预算表、公司资产负债表、公司利润表、公司现金流量表的内容较多，因此没有展示出来。从流动性、盈利能力和资产报酬率的分析内容可以看出，分析过程使用了财务数据来做说明，最后再总结企业具有长期发展潜力。有了数据做支撑能使阐述有理有据，更具说服力，投资人也更愿意相信企业值得投资。

在验证型商业计划书中使用的数据一定要保证其准确性，每张图表和数据都应准确无误。为避免出错，在制作好商业计划书后，有必要对其进行审查核对。

1.3　商业计划书的框架结构

不同的商业计划书虽然内容不同，但在框架结构上却有一些共同点，在撰写商业计划书前了解其框架结构，能够帮助撰写者厘清商业计划书的撰写逻辑，使制作的商业计划书一目了然。

1.3.1　封面内容的版式设计

不管是 Word、PPT 格式还是 PDF 格式的商业计划书，都应有封面。封面是阅读者对商业计划书的第一印象，所以，封面的设计不能随意。每份商业计划书都要有独立的封面，封面一般要包含以下几方面内容。

- ◆ 创业团队或公司名称。
- ◆ 项目的名称，比如 ×× 酒店项目、×× 健康体验中心项目。
- ◆ 联系人（汇报人 / 负责人）以及联系方式，联系方式可以是电话或者电子邮件。
- ◆ 时间，商业计划书制作或者汇报的时间。
- ◆ 配图，为了使商业计划书的封面更美观，一般会配图。
- ◆ 为体现文档的类型，封面会有"商业计划书（创业计划书 / 商业融资计划书）"字样。

商业计划书的封面应遵循简洁、美观、大方的原则。在制作时，要以简洁的语言描述项目，让阅读者一眼就能明白该商业计划书是什么项目。在排版、文字和色彩设计上，应力求美观整洁。在大多数情况下，文字采用横向排版，这样更符合人们的阅读习惯；Word、PDF 格式的商业计划书，部分文字也可竖向排列。如图 1-2 所示为 Word 格式商业计划书封面示例。

图 1-2　商业计划书封面（Word 格式）

以 PPT 格式来撰写商业计划书，也应有封面。PPT 格式的商业计划书一般在封面写明汇报人、项目名称即可，如图 1-3 所示为 PPT 格式商业计划书封面示例。

图 1-3　商业计划书封面（PPT 格式）

商业计划书封面文字的大小可根据版式设计来调整，为突出项目，项目名称一般字号最大，联系人、联系方式等文字字号相对较小。

在色彩的选择上，要确保在阅读时文字清晰流畅，不会出现看不清、识别困难等问题。为了让文字内容清晰醒目，要让封面背景色与字体颜色有一定的反差对比。

1.3.2 目录与摘要

目录可以体现商业计划书的整体框架，在撰写商业计划书时，目录内容可含有多个层级，并按照一定的编号次序进行编排，如"第一章""一""1"，但在提取目录时，通常只提取一级标题或者一级标题与二级标题，更小级别的标题一般不展示在目录中，如下所示为某商业计划书的目录结构。

实例分析 **用目录展示商业计划书结构框架**

第一章　摘要 1

第二章　股份公司的设立 1

一、股份公司名称及经营范围 1

二、设立方式 1

三、股本总额和股权结构 2

四、股份公司管理团队和组织机构 2

第三章　发起人简介 5

第四章　成立股份公司的必要性和可行性 6

一、必要性 6

二、可行性 7

第五章　募集资金的投向和经济效益预测 11

一、募集资金的投向 11

二、经济效益预测 33

第六章　结束语 34

从上述商业计划书目录即可看出该商业计划书的主要内容，目录仅展

示一级标题和二级标题，标题后有对应的页码，便于翻阅和检索。商业计划书标题序号的分级并没有统一标准，本案例是按照"第一章""一"的方式进行编排。

商业计划书的目录需保证序号分级统一、整齐，如可按照"第一章""1.1""1.1.1""一""（一）""1""（1）""①"等方式来编排序号，目录则按照章节顺序排列。

为让目录阅读起来更清晰直观，可对目录的字体字号进行设计，一级标题字号最大，二级标题字号小于一级标题，以此类推。为突出显示，还可将一级标题加粗，以便更加醒目简洁。

PPT形式的商业计划书也有目录，相比Word形式的商业计划书目录，其在设计上会更富有变化，同时也更注重视觉设计，如下所示为PPT形式的某路演型商业计划书目录。

实例分析 路演型商业计划书目录展示演示文档主要内容

点评分析

上述目录清晰地展示了商业计划书的主要内容，包括项目背景分析、项目运营计划、问题和解决方案、项目发展规划、财务分析及融资计划5个方面，商业计划书的结构框架一目了然。

在演示文档中，目录通常跟在封面之后，也是投资人最先注意到的一页，所以，目录页如果有亮点，往往更能引起投资人注意。本案例的目录页采用左右版面，文字没有采用常规的左对齐方式，而是有一定的错位，整体简洁直观而富有设计感。

PPT 形式的商业计划书，其目录有多种版式，在后面的章节中会进行具体讲解。

从前面展示的 Word 文档商业计划书目录可以看出，该商业计划书的的开头为摘要，是投资人首先阅读的内容。摘要是对项目商业模式的概述，如果摘要不能吸引投资人，那么投资人通常不会再阅读后面的内容。因此，摘要应发挥激起潜在合作者或投资人兴趣的作用，这决定了摘要具有短而精的特点，一般有 1 ～ 3 页内容。摘要撰写的具体要求将在后面章节详细讲解。

1.3.3　企业形象或项目展示

企业形象和项目展示是商业计划书的常规内容，能让投资人对公司的基本情况以及项目背景等有充分了解，从而吸引到风险投资人，如下所示为 ×× 信息技术有限公司商业计划书中关于公司基本情况的内容。

 ×× 公司基本情况介绍突出优势

一、公司基本情况

1. 公司的成立与目标

××××信息技术有限公司是由××省交通厅联运中心、××××软件公司、××××公司共同投资组建的有限责任公司，是一家专门致力于交通行业信息化研究和软件开发的高新技术企业。公司现有总资产××万元人民币。

注册地址：××××

注册资本：××××

法定代表人：××

成立时间：××××年××月

经营宗旨：顾客的高满意度、股东的高回报率、员工的广阔发展空间。

目标：面对交通行业信息化改造领域广阔的市场前景，立足交通领域，推动和加快交通行业信息化建设，用三年时间，把××建设成为交通行业信息化应用软件产业基地。

2.公司的技术和市场发展过程

公司自成立以来，便承担着×××交通行业信息化建设的重任。目前，公司已独立开发了拥有自主知识产权的××管理信息系统、××××企业综合经营管理信息系统等6套应用软件，其中××管理信息系统、办公自动化（OA）系统已经在××、××、××三地市安装使用，运行良好，并将在××省17地市推广应用。另外，××汽车运输总公司对交通运输企业综合经营管理信息系统也给予了高度评价。公司将立足××，积极开拓全国市场。

3.公司的股本结构（略）

4.公司股东基本情况（略）

5.公司组织管理和决策方式（略）

6.公司主要经营状况（略）

点评分析

从上面节选的内容可以看出，该商业计划书从公司的成立与目标、公司的技术和市场发展过程、公司的股本结构、公司股东基本情况、公司组织管理和决策方式、公司主要经营状况6个方面来介绍公司。在内容上体现了公司各方面的优势，这能让投资人看到公司的发展空间和价值，从而吸引投资人。

如果项目本身具有优势，那么也可以针对项目进行重点介绍，在阐述时要明确项目背景、目前所处的发展阶段以及目标市场等内容，让投资人看到项目发展潜力，这样才能吸引投资人，从而取得融资。

1.3.4 核心产品或技术介绍

核心产品或技术介绍一般是商业计划书的核心内容，也是投资人想要了解的内容。通过该部分内容，投资人可以了解到产品是否有市场、是否有盈利空间、公司是否有完整产品线、产品技术是否有竞争优势以及创业者是否对产品 / 技术有足够的认识等。如下所示为某保健品食品有限公司商业计划书中关于产品介绍的部分内容。

实例分析 产品介绍阐述优势

第一部分 产品

本公司主要生产××系列保健糖果，随着公司的发展将致力于开发多种适应市场需求的保健食品。

产品背景（略）

产品优势：

营养与健康类糖果以其功能性与独特性越来越受到消费者青睐。本公司产品以××为主要原料，在保健食品行业中处于领先地位，在保健糖果业中更是填补了行业空白。××产品领先战略必将为公司带来巨大的市场占有率，产品可治疗……，同时具有提高免疫力的功效。

本公司将非常重视产品的包装设计，独特精美的外观将给消费者留下深刻印象，吸引更多的消费者。而且，产品的设计将充分抓住目标市场的消费心理，为不同的市场设计不同的包装。

与其他大多数保健食品相比，本公司产品采取网上销售的方式，直接面向目标市场。这样能更快收集到产品销售、市场需求等方面的信息，有助于了解消费者对本产品的看法，从而更好地组织生产，研发新产品，促进公司长远发展。

糖果类食品非常适合网上销售，在网上可以寻求更理想的供应商，以尽可能低的价格完成物资和劳务的采购。电子商务的实施能大幅度降低库存成本，实现原材料无库存和产成品无库存。网络营销较之广告宣传或免费电话咨询，开产品展销会，利用推销人员推销产品、发展客户，收集用户意见等传统的市场营销方式大大降低了费用开支，使营销成本大为降低。利用互联网可以降低企业组织管理费用，降低交通和通信费用，降低人工费用，降低企业财务费用，降低办公室租金等。

点评分析

上述案例节选了产品介绍中关于产品优势的内容，从中可以看出，商业计划书从产品的配方、包装设计、销售渠道、成本4方面阐述了产品所具有的优势。在语言表述上通俗易懂，能使投资人直观地了解到产品能解决什么问题，是否有竞争力等。

商业计划书对产品/技术进行介绍时，往往会过于专业和生僻。如果合作者或投资人不是专业人士，将很难读懂。所以针对产品/技术介绍部分，既要保证阐述准确、详细，也要通俗易懂。

1.3.5　行业市场/竞争分析

很多创业者在撰写商业计划书时常存在这样的问题：介绍了产品/服务，但是没有对行业市场、竞争进行分析。实际上，市场大小和潜力往往会影响估值，在商业计划书中要让合作者、投资人看到市场是具有成长性的。如果该行业市场已经饱和，或者项目不具备竞争优势，就意味着投资人要承担较大的风险。另外，对行业市场和竞争进行分析，也可以帮助创业者了解项目的可行性。

一般来说，针对种子轮、天使轮、Pre-A轮融资撰写商业计划书，在内容上要侧重产品/服务的竞争优势、竞争壁垒、行业前景和市场趋势。因为此时企业处于初创期和成长期，商业模式还未得到验证，对行业市场和竞争进行分析，能够论证行业市场的发展空间以及未来的趋势，让合作者和投资人看到市场的前景和机会。如下所示为某车险项目 Pre-A 轮融资的商业计划书中关于市场分析的内容。

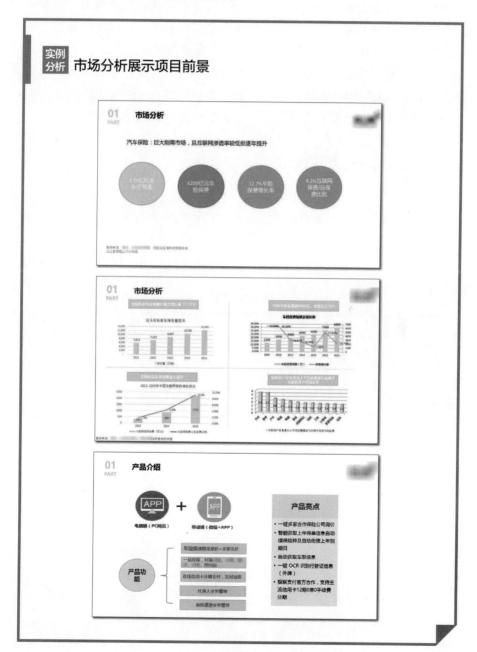

上述范例展示了其关于市场分析和产品介绍的部分内容，在对市场进行分析时，用图表数据进行展示，清晰直观又具有很强的说服力。用数据说明了汽车保险具有市场需求后，紧接着介绍产品亮点，以发现需求＋解决方案的方式进行阐述，逻辑关系清晰，并突出项目的潜力。

投资人在看商业计划书时喜欢看数字和图表，因为数据是最具说服力的，在行业市场／竞争分析的部分，如果能使用数据、图表进行阐述，那么尽量使用数据、图表来直观展现市场规模和潜在的远景。

1.3.6　项目财务规划与预测

财务分析和预测也是投资人关注的重点，投资人不会将钱交给没有计划和目标的创业者，也不会投资没有商业价值的项目，所以要在商业计划书中通过财务规划和预测来阐述业务的经营状况，让投资人看到项目的利润和回报。如下所示为某机电物流产业园项目商业计划书中关于财务计划的内容。

　财务计划

第五章　财务计划

一、投资估算

××××机电物流产业园项目总投资估算金额为 3.5 亿元，具体明细如下：

1. 征地费用：3000 万元。

2. 建设投资：29000 万元。其中：工程费用 26800 万元，其他费用 600 万元，预备费用 1600 万元。

3. 村庄搬迁费用：1000 万元。

4. 铺底流动资金：2000 万元。

详见附表。

二、建设计划

××××机电物流产业园计划建设期24个月，其中立项及前期准备3个月，建筑施工期12个月，剩余时间为各种配套工程和竣工验收。

三、收益预测

项目建成后，四大产业园连为一体，功能完善，运转高效，将成为国内一流的机电装备制造基地及物流基地，同时可带动周边区域的整体和谐发展，经济和社会效益十分可观。

预计经济开发区机电物流产业园年可实现工业产值80亿元，税收10亿元，解决5000人就业。

点评分析

从该商业计划书节选内容可以看出，其从投资估算、建设计划和收益预测3方面来阐述财务计划。用数字说明资金的安排，同时对未来盈利做出预测。本案例中并没有通过资产负债表、利润表、现金流量表等财务报表来展示财务信息，这是因为企业还没有成立，没有数据可以在报表中展示。

在撰写商业计划书时，关于财务规划和预测，要根据项目和企业所处的发展阶段来选择合适的阐述方式。对于成熟企业，应该有历史财务数据可供使用，则可在Word形式的商业计划书中详细展示财务报表和测算过程。对于创业者和初创期企业，则可在商业计划书中列明核心数据，如预估的投资总额，对成本、收入的预测。

投资人和合作者看重的都是回报，而财务规划和预测能够展示公司未来业务增长的可能性，发挥以下作用。

◆ 向合作者和投资人表明公司有明确的规划，对各种情况做好了准备。

◆ 为经营决策提供依据，帮助创业者明确项目的资金安排，有利于合理安排收支，提高资金的使用效益。

◆ 能够体现对未来的预测，通过财务数据可以向合作者和投资人展示项目的价值、收入和利润。

1.3.7　融资计划与用途

大多数商业计划书是以取得融资为目的，因此，融资计划是大多数商业计划书的必备内容。创业者需要告诉投资人融资目的和额度、以何种方式融资以及资金用途。如下所示为某快速服务项目商业计划书中关于融资计划的内容。

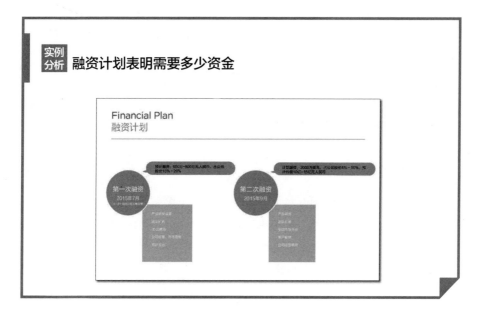

实例分析 融资计划表明需要多少资金

点评分析

从上述融资计划的内容可以看出，项目融资分为两轮：第一轮预计融资 600 万～800 万元；第二轮计划融资 3000 万元。在融资计划中也明确了准备稀释多少股份以及资金的用途。该商业计划书采用 PPT 形式，主要用于宣传，找寻有初步意向的投资人。因此，对融资需求和资金用途的描述不会很详尽，只需阐明核心信息即可。

结合前面展示的商业计划书范例，可以看出商业计划书大致包含的内容，不同形式的商业计划书在内容详略侧重以及表现形式上会有所差异。Word 形式的商业计划书内容会更翔实，一般用于项目通过初步筛选后做进一步展示。PPT 形式的商业计划书内容简洁直观，适合初步展示或路演时使用。在具体撰写时，要根据商业计划书的用途来选择恰当的表现方式。

1.4 商业计划书的撰写流程

不管是 Word 形式的商业计划书，还是 PPT 形式的商业计划书，在内容安排上都应有严密的逻辑性，如果商业计划书的条理不清晰，语言晦涩难懂，是无法吸引投资人的。按照一定的流程来撰写商业计划书更能让计划书有针对性，做到结构完整、逻辑清晰。

1.4.1 做一份思维导图

结构完整、内容丰富的商业计划书不会只有一两页内容，在撰写前，可用思维导图来梳理计划书的结构大纲，明确商业计划书的主要内容。思维导图是一种有效的思维工具，能以图文的方式来表现各级主题之间的关系，这与商业计划书的目录框架相当契合。所以，借助思维导图来梳理计划书的思路及大纲是有效且实用的。

在用思维导图制作商业计划书目录大纲时，一般采用树状结构，即用总分层次结构来组织内容，如图 1-4 所示为树状结构图。

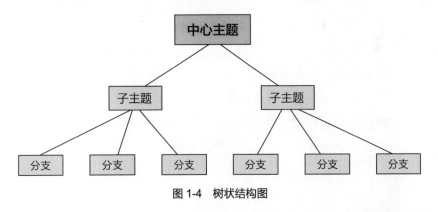

图 1-4 树状结构图

首先确定中心主题；其次围绕中心主题发散，划分出下一级的子主题；最后再根据子主题确定分支。以公司运营和管理为例，用思维导图来构建框架结构，如图 1-5 所示。

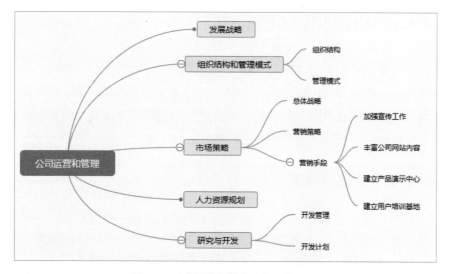

图 1-5 公司运营和管理思维导图示例

从图 1-5 可以清晰地看到公司运营和管理所包含的内容。在利用思维导图对商业计划书的整体框架进行梳理时，一般可从以下几方面来确定大纲，然后围绕主题大纲进行发散。

- **公司简介**：介绍公司基本情况，如公司定位、发展历程、公司业务、公司使命和公司优势等。

- **核心团队**：包括管理层、团队中的关键人才、成员的教育背景、成员的能力和团队的整体特点等。

- **产品与服务**：包括目标市场、产品品类和名称、产品核心功能、产品的竞争力、产品价值和产品优势等。

- **行业与竞争分析**：包括行业概述、市场规模、竞品分析、市场趋势、宏观政策和门槛壁垒等。

- **研究与开发**：包括主要技术竞争对手、研发计划、研发投入和现有技术资源等。

- **营销策略**：包括营销模式、推广方式、获客渠道、品牌策略、包装策略和价格定位策略。

- **经营管理**：包括公司架构、职能划分、管理体系、管理目标、激励机制和员工管理等。

◆ **融资计划**：包括融资额度、融资方式、资金计划、投资回报、股权融资数量、出让股权比例和资金到账方式等。

◆ **盈利水平**：包括商业模式、收入模式、运营模式、利润空间、成本和收益结构等。

◆ **财务分析**：包括基本财务数据、财务模型、财务计划、投资回报、财务预测和税务说明等。

◆ **风险及退出机制**：包括主要风险、风险对策和退出方式等。

以上是商业计划书的一般内容，在制作思维导图时，要结合公司和项目的实际情况来梳理结构大纲，使商业计划书有亮点和针对性，以吸引投资人。

1.4.2　时刻记录你的 Idea

创业者在某一瞬间可能会产生好的想法和灵感，如果不能及时记录下来，再想要记录的时候就可能忘记了。好的想法和灵感转瞬即逝，在撰写商业计划书的过程中，如果有好的想法和思路一定要随时记录，这对撰写商业计划书是很有帮助的。

记录想法的工具有很多，比如手机便签、电脑记事本以及各种记录软件。常见的记录软件有印象笔记、flomo 笔记（浮墨笔记）等，借助这些工具可以大大提高记录效率。以 flomo 笔记为例，这是一款极简记录工具，支持文字、图片和语音输入，能大大提高记录的效率。如图 1-6 所示为 flomo 笔记应用的记录功能。

图 1-6　flomo 笔记应用的记录功能

如果习惯用思维导图来记录想法和灵感，那么可以使用百度脑图、Xmind 等思维导图工具，这类工具可以帮助进行思维梳理。如图 1-7 所示为 Xmind 应用界面。

图 1-7　Xmind 应用界面

1.4.3　将重点内容落实于纸笔

通过思维导图搭建好商业计划书的大纲框架后，可以先落实重点内容，然后再对细节进行修订和完善。重点内容需要花费较多的时间和精力去撰写，而且越重要的内容越要放在前面，以便引起投资人的兴趣。

一份完整的商业计划书通常包括摘要、产品服务介绍、管理队伍、市场分析、营销策略、融资方案和财务规划几方面内容。那么哪些内容才是重点呢？不同的商业计划书其侧重点会有所不同，一般来说，投资人关心的就是需要重点阐述的内容。对于大部分投资人来说，他们比较关心以下几方面内容。

◆　商业机会。

◆　创业团队的能力。

◆　市场环境。

◆　风险与报酬。

一个项目有没有机会成功，是投资人普遍关心的，而大多数投资人都偏好有高成长潜力的项目。创业团队的能力会对成功的可能性产生较大影响，如果能在商业计划书中展示团队优势，也能打动投资人。市场环境虽然不可控，但是必定会影响新事业的发展方向。投资人一般不会详细了解项目当前所处的环境以及未来的发展趋势，如果能让投资人在商业计划书中看到项目的发展潜力，也会使这份计划书更出色。投资必定伴随着风险，投资人会对风险和回报进行衡量，要说服投资人并取得融资，让投资人看到投资回报是很重要的。

另外，在商业计划书中，摘要是整个项目的概括，通常放在计划书的最前面，所以，摘要也是重点内容。

1.4.4　细节修订和完善

撰写好商业计划书草稿后，需要进行审定和修订，对细节进行完善，才能形成终稿。商业计划书的修订和完善需要创业团队参与进行，通过集体讨论明确哪些内容需要修改、删除或者补充。商业计划书的修订和完善需要注意以下几点。

（1）注重事实，不可夸大

对项目和企业进行适当的"包装"是有必要的，但有的创业者为了让投资人看到"完美"的项目或企业，夸大商业模式和投资回报，比如 3 ～ 5 年内超越某上市公司，这样的夸大并不能让投资人相信，反而会引起投资人的反感。

商业计划书中有对未来的规划和预测，但并不意味着这种规划和预测可以不切实际，在修订和完善商业计划书时应以客观事实为依据，不应过分夸大。

（2）数据审查，修订错误

商业计划书中会使用大量的数据，创业团队要对数据进行审查，以了解是否有误，并对错误的数据进行修改。市场是不断变化发展的，而商业计划书修订和完善时，市场可能已经发生了一些变化，创业团队要根据市场的变化情况及时修订相关数据信息。

（3）内容优化，图示表达

在撰写商业计划书草稿时，很容易写得过于详细，导致文字内容过多，尤其是 Word 形式的商业计划书。但是大部分投资人都不喜欢阅览大段文字，在商业计划书修订和完善环节，要对商业计划书的内容进行优化。将不需要的内容删除，精简内容，同时加入一些图示化的表达方式，让商业计划书阅读起来更轻松。

（4）排版布局，便于阅读

商业计划书草稿只是将内容落于纸笔，对于计划书的格式和排版不会过于注意，进入修订和完善环节后，排版布局就是比较重要的一项工作。排版布局是为了让商业计划书更便于阅读，更为专业。另外，排版布局也是对商业计划书进行美化，能够让商业计划书更加美观，从而给投资人留下好的印象。

扫码做习题

扫码看答案

第2章 商业计划书的成败关键

一份商业计划书能否打动投资人，其成败的关键在于商业计划书本身的质量。低质量的商业计划书不能向投资人提供所需要的信息，也就无法让投资人感兴趣。

开篇能吸引人
简明扼要的表述
详尽的数据支撑
讲"故事"的技巧
从投资者角度看待项目

扫码获取本章课件

2.1　商业计划书的必备要素

哪些要素是商业计划书必备的？这是在撰写商业计划书前需要明确的，商业计划书的必备要素需要重点把握，以确保其能够发挥作用，获得投资人的青睐。

2.1.1　开篇能吸引人

大多数投资人每天都会查看大量的商业计划书，因此，他们阅读一份商业计划书的时间不会很多。要想让商业计划书引起投资人的关注，需在开篇就引起投资人的注意，否则项目再好也很难找到投资。如下所示为某服装定制平台商业计划书部分内容。

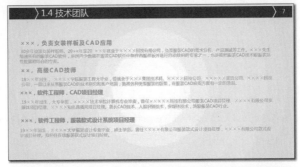

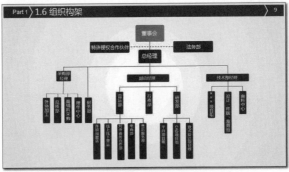

上述商业计划书展示了开篇的部分内容，该部分是公司团队介绍，包括公司团队简介、核心成员介绍和组织结构。团队是公司的亮点，所以在商业计划书中优先展示。好的团队对于初创公司来说尤其重要，而投资人也普遍关心创始团队的构成，本范例在开篇时就讲述创业者的来历、在哪些公司服务过、有过哪些成就、拥有哪些知识和技能，充分展示了团队优势和经验。这能快速引起投资人的注意，从而让投资人有兴趣阅读下面的内容，最后取得与投资人进一步沟通的机会。

由于投资人的时间有限，所以在初始接触阶段，通常采用 PPT 形式的商业计划书。商业计划书的内容较多，开篇内容应有所选择，将哪部分内容优先进行呈现需要重点考虑。为保证开篇部分能够引起投资人的兴趣，优势可作为亮点优先进行展示，以吸引投资人的关注。

2.1.2　简明扼要的表述

语言表述简明扼要是商业计划书必备的要素，商业计划书切忌过于啰唆，投资人没有耐心看完一份冗长又啰唆的商业计划书。那么如何做到简明扼要呢？可从以下几方面入手。

（1）讲重点

很多商业计划书之所以看起来很啰唆，主要原因在于没有讲到重点。在撰写商业计划书时应该过滤掉不重要的内容，保留主要内容，避免流水账式的记录，否则就会让商业计划书看起来冗长而没有重点。

（2）简洁表述

在撰写商业计划书时不要用冗长复杂的句子，因为这会增加阅读的难度，也会让商业计划书阅读起来索然无味。有时为了让商业计划书内容丰富，制作者会生硬地插入一些内容，这反而画蛇添足，使内容不易读懂。撰写时，只需要用简洁的语言把意思表达清楚即可。

比如某商业计划书在表述市场风险时，语言简洁易懂，只用几句话就表达清楚了市场主要风险，投资人读一遍就可以理解，内容示例如下所示。

市场风险一般来自三个方面：

1. 市场供需实际情况与预测值发生偏离。

2. 项目产品市场竞争力或者竞争对手情况发生重大变化。

3. 项目产品和主要原材料的实际价格与预测价格发生较大偏离。

除非为了表达语意而必须要使用长而复杂的句子，否则，在商业计划书中最好使用短句，更易于阅读和理解。

（3）学会概括

一般来说，20～30 页的商业计划书就能涵盖要传达的内容，如果商业计划书页数过多，比如多达上百页，那么就要反思是否存在冗余的内容，在内容概括上是否存在问题。

在撰写商业计划书时，有时会觉得写长容易写短难，就是因为不会概括。商业计划书的目录实际上就是对整个商业计划书的高度概括，通过目录能了解商业计划书的主要内容。对于正文，需要抓住重点，然后将主要内容概括出来。

（4）表达形式

在内容上，可以采用文字、图示、表格等表达形式，撰写时需根据内容来选择恰当的表达形式。比如某商业计划书分别采用以下两种表达形式，而表格形式明显更简明扼要，易于阅读。

文字示例：

一、行业痛点

传统的电话销售模式容易形成骚扰，也难以精确地了解客户需求；保险条款复杂难懂；代理人对产品没有充分的了解，对产品的关键信息说明并不充分和明确；理赔流程复杂。

二、我们的服务

了解客户的保险保障需求，并根据客户实际情况推荐个性化的保险产品组合，由客户自主选择保险产品；保险条款结构化分析，将保险产品分解为保障范围、投保门槛、理赔注意事项等要点，帮助投保人快速比对产品；设立专业服务团队，由线下专业服务团队上门面签和解答产品疑问；

设立理赔服务团队，在理赔流程上对接保险机构和客户，协助客户完成理赔。

表格示例：

行业痛点	我们的服务
传统的电话销售模式容易造成骚扰，难以精确了解客户需求	了解客户的保险保障需求，并根据客户实际情况推荐个性化的保险产品组合，由客户自主选择保险产品
保险条款复杂难懂	保险条款结构化分析，将保险产品分解为保障范围、投保门槛、理赔注意事项等要点，帮助投保人快速比对产品
代理人不了解产品，对产品的关键信息说明不充分和明确	设立专业服务团队，由线下专业服务团队上门面签和解答产品疑问
理赔流程复杂	设立理赔服务团队，在理赔流程上对接保险机构和客户，协助客户完成理赔

2.1.3　详尽的数据支撑

在商业计划书中，关于市场、竞争对手、财务的内容都应有相关的数据做支撑，没有数据支撑会让内容显得苍白无力。在商业计划书中运用数据，主要目的是说服投资人，但这不代表可以使用虚假数据。为了提高数据的说服力，有必要对数据的获取渠道进行说明。商业计划书中数据的获取有以下渠道。

（1）行业报告书

在商业计划书中常常需要使用行业数据，其可从行业报告书中获取。目前，很多行业研究、管理咨询公司都会提供不同行业的行业研究报告，创业者可以通过相关数据平台查看行业报告。另外，在一些行业协会、行业论坛上也能查看到行业报告。比如撰写餐饮项目商业计划书，就可以通过《中国餐饮年度报告》《2022 餐饮零售化行业观察报告》《海鲜餐饮行业市场调研报告》等报告获取相关数据，并运用于商业计划书中，如图 2-1所示为《2022 年中国餐饮年度报告》（简明版）中的部分内容，对于撰写餐饮项目商业计划书有一定帮助。

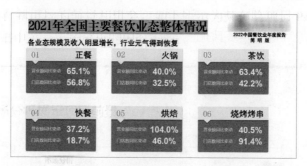

图 2-1　《2022 年中国餐饮年度报告》（简明版）部分内容

（2）大数据网站

很多大数据网站也可以提供创业者所需的数据，比如百度指数（https://index.baidu.com/）、360 趋势（https://trends.so.com/）等。创业者可以进入大数据导航网站（http://hao.199it.com/），根据导航分类进入所需数据网站，如图 2-2 所示。

图 2-2　大数据网站导航页面

（3）权威官方网站

权威官方网站包括国家统计局（http://www.stats.gov.cn/）、中国统计信

息网（http://www.tjcn.org/）、商务部（http://www.mofcom.gov.cn/）、中国
互联网络信息中心（http://www.cnnic.net.cn/）等平台，如图 2-3 所示为中国
互联网络信息中心关于统计报告数据的页面。

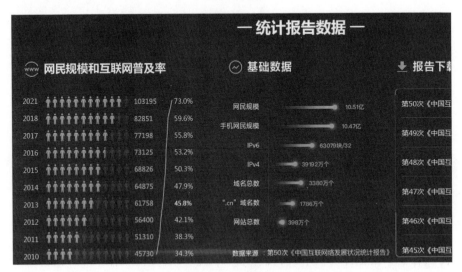

图 2-3　中国互联网络信息中心网站页面

（4）细分数据网站

在商业计划书中会针对某一行业进行分析，分析时就需要行业细分
数据，这时可通过细分数据网站获取所需的数据，如金融行业—东方财
富 网（https://www.eastmoney.com/）、互 联 网 行 业 —巨 量 算 数（https://
trendinsight.oceanengine.com/）等。

（5）自行调研

有些数据无法在相关网站上直接获取，需要通过市场调查来采集。对
于这些数据，创业者可自行调研以获得原始数据，整理分析后用于商业计
划书，当然，也可以委托咨询公司代为调研，最终形成数据报告。

2.1.4　讲"故事"的技巧

商业计划书不能浮夸，但也不能过于呆板。讲好创业的"故事"，往
往能迅速吸引投资人的注意，特别是种子轮、天使轮的商业计划书，更要

注重讲好"故事"，好的商业故事比乏味的数据更吸引投资人。那么要如何讲好"故事"呢？商业计划书中的"故事"应该是饱满而流畅的，具体可以采用以下方法。

（1）讲好主线故事

好的故事应有清晰的脉络，而脉络就是主线故事，在讲主线故事前，创业者不妨问自己以下几个问题。

① 为什么选择这个行业 / 项目？

② 公司是如何创建的？

③ 公司创建后团队做了什么？

④ 团队成员是怎样走到一起的？

⑤ 商业模式如何真正落地？

主线故事需按照一定的逻辑来讲述创业计划，比如某社交平台项目在商业计划书中按照巨大的增长空间→软件目标→产品上线后的增长情况→平台特点→未来计划→货币化前景这一故事线来介绍自己的项目，既让投资人看到了平台的定位和亮点，也说明了如何变现，这就是一个流畅的好故事。

（2）支线填充

明确了主线故事后，为了让商业计划书变得饱满，还要适当添加支线故事。同样以上述社交平台项目为例，在主线故事的基础上添加了如图 2-4 所示的支线故事。

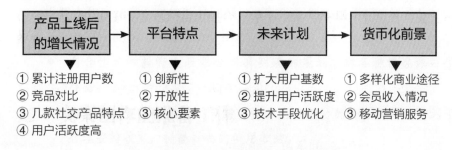

图 2-4 某社交平台项目商业计划书支线结构

支线故事围绕主线故事来写，可以让商业计划书更丰富，使整个商业计划书更饱满。

（3）突出高潮

一个好的故事要有高潮部分，高潮部分主要展示企业/项目的优势和亮点，它能回答"为什么企业/项目能胜出"，比如核心技术、竞争优势等。

2.2　做一个投资者画像

商业计划书是与投资人沟通的工具。在撰写商业计划书时，创业者要站在投资人的角度思考，了解投资人的思维模式，他们想要看什么、更关注什么。

2.2.1　从投资者角度看待项目

投资人在看一个商业项目时，他们不是仅凭感觉来判断这个项目值不值得投，而是有自己的评估方法。专业的投资人在做项目评估时，一般会有两大步骤。

第一步：先看项目的创业方向或者定位自己是否感兴趣，比如有的投资人的投资方向或偏好是互联网行业，而有的投资人则喜欢投资科技型产业。如果对项目不感兴趣，他们通常不会将商业计划书看完。

第二步：对项目的投资价值进行判断，如果项目能引起投资人的兴趣，投资人则会对项目的投资价值进行评估，有投资价值的，才会与创业者做进一步交流。

虽然不同的投资人有自己的投资方向或偏好，但很多投资人都会从以下几方面来了解项目。

（1）是否有明确的定位

项目如果没有清晰的定位，那么发展方向和目标也会不明确，只有定位清晰才能做到不盲目。项目定位包括市场定位和目标客户群体定位，即

产品 / 服务在哪个市场开展？面向的客户群体是哪些？站在这一角度，创业者在撰写商业计划书时，应对目标市场和目标人群进行分析，明确项目的目标人群画像。

（2）商业模式

很多投资人都会问创业者："这个项目的商业模式是什么，是如何赚钱的？"如果创业者回答："等我拿到融资，项目就会赚钱"。投资人只会认为在骗他。

商业模式是指企业 / 项目通过什么途径或方式来赚钱，比如收取会员费、销售产品等。不同的企业 / 项目商业模式是不同的，成功的商业模式都有其独特价值，也是难以模仿的。

（3）是否能解决用户痛点

有痛点才会有需求，产品 / 服务能解决用户的某种痛点，用户才会产生购买行为。创业者在设计项目的商业模式时，其实就是在解决用户的痛点。如果创业者没有找到用户的核心痛点，并提出解决方案，那么投资人会认为该项目无法创造利润和市场需求，没有商业机会。

（4）核心竞争力

核心竞争力是他人难以复制或超越的，凭借自身的核心竞争力，企业能在商业竞争中脱颖而出。而投资人常常会问："企业如何建立核心竞争力，以区别于竞争对手？"

企业所拥有的资源、技术能力等都能成为核心竞争力，核心竞争力具有以下特点。

价值性。具有价值，如能提高产品质量，带来竞争优势。

稀缺性。具有稀缺性，并不是所有企业都有，只有少数的企业拥有它。

不可替代性。具有不可替代的作用，竞争对手难以用其他功能来替代。

难以模仿性。难以被竞争对手模仿，是企业所特有的。

（5）持续性

未来趋势良好，具有很强的持续性增长，这类项目很容易被风险投资人看中。风险投资人很少投资不可持续的项目，他们要看项目的盈利空间，能让收益率逐渐递增的项目才是投资人所需要的。

2.2.2 做有针对性的计划书

撰写商业计划书还应考虑使用阶段，不同融资阶段的商业计划书，其侧重点应有所不同。按照企业的发展阶段来划分，融资可分为表 2-1 所示的几个阶段。

表 2-1 企业融资阶段

阶段	特 点
种子期	① 企业处于萌芽阶段，也是首次正式融资的阶段 ② 有创业想法和团队，但没有具体产品 ③ 融资规模相对较小 ④ 能在市场调研、产品测试等方面为企业提供支持 ⑤ 投资人有好友、家人、创始团队成员、天使投资人和种子期投资人
天使期	① 企业正在筹备或者成立不久，已经有了产品雏形 ② 有一定的核心用户，但各方面都不够成熟和稳定 ③ 融资规模相对较小 ④ 能够帮助企业进行产品研发和团队搭建 ⑤ 投资人有创始人、亲朋好友、天使投资人和专业投资机构
Pre-A 轮	① 介于天使轮融资与 A 轮融资之间 ② 产品研发完成，但项目成熟度不够 ③ 融资规模一般也介于天使轮与 A 轮之间 ④ 能缓解创业者的资金压力 ⑤ 投资人有已有的天使轮投资人、新引进的投资人
A 轮	① 拥有成熟的产品，商业模式已经打通 ② 在行业内有一定的地位和口碑，但可能还处于亏损阶段 ③ 融资规模高于种子期和天使期 ④ 为企业的发展和成长带来足够的资金 ⑤ 投资人有已有的天使轮投资人、新引进的风险投资人和专业的投资机构
B 轮	① 商业模式已得到验证，开始盈利 ② 有牢固的用户基础，还需进行行业业务拓展

续表

阶段	特　点
B 轮	③ 融资规模一般比较大 ④ 帮助企业扩大规模，拓展新领域 ⑤ 投资人有 A 轮的风险投资人、新引进的风险投资人和私募股权投资
C 轮	① 公司很成熟，正在为上市做准备 ② 行业影响力排名靠前，还需要更好的发展 ③ 融资规模较大 ④ 帮助企业进一步拓展新业务，为上市打好基础 ⑤ 投资人主要是私募股权投资，部分为 B 轮的风险投资人
Pre-IPO	① 上市条件成熟，企业上市之前或预期企业可近期上市时 ② 规模与盈收已达可上市水平，上市指日可待 ③ 融资规模较大 ④ 为 IPO 提供资金支撑，补全商业闭环 ⑤ 投资人主要是私募股权投资，还可能有对冲基金

从表 2-1 中可以看出，融资有明确的轮次，不同轮次企业所处的发展阶段是不同的，参与的投资人也可能不同，如图 2-5 所示为企业融资历程示意图，以帮助创业者更好地认识融资的不同阶段。

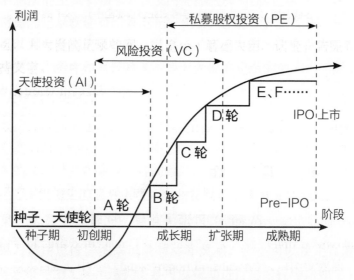

图 2-5　企业融资历程示意图

从图 2-5 可以看到，在 C 轮融资后可能还会有 D 轮、E 轮、F 轮等，D 轮、E 轮、F 轮融资是 C 轮后续，如果企业发展良好，可以进行股市融资，实现 IPO 上市。

在不同的融资阶段，面对的投资人不同，融资额度也会不同，创业者要结合所处的融资阶段有针对性地撰写商业计划书。这里将企业融资阶段简化为早期、成长期、扩张期和成熟期。

- ◆ **初期**：在初期阶段，投资人可能是身边的亲朋好友、天使投资人以及风险投资人。在该阶段，有产品雏形但项目还未落地，商业计划书应侧重展示促成项目开发的成员、产品的发展空间和前景。投资人更看重创始人的经历和资源，因为优秀的团队才能保证项目真正启动。

- ◆ **成长期**：在成长期，已经有了产品，需要资金来打开市场，融资所处的阶段可能是 Pre-A 轮或 A 轮，投资人以风险投资人为主，可能会有部分天使投资人以及私募股权投资加入。该阶段的商业计划书应侧重讲述产品，包括产品的市场占有率、竞争优势等。如果产品能够达到投资人的预期，投资人还可能加大投资。

- ◆ **扩张期**：进入扩张期后，企业已经具备一定规模，且应该已经找到盈利模式，开始进入快速发展阶段。从融资阶段来看，该阶段一般为 B 轮，投资人主要是风险投资人以及新加入的私募股权投资。此阶段的商业计划书应侧重于数据以及战略规划的展现，因为投资人会关注市场对产品的认可度，看重收入规模、用户数量和现金流等。

- ◆ **成熟期**：在成熟期，大部分企业都会为 IPO 上市做准备，此阶段企业盈利乐观，公司已经很成熟，投资人主要是私募股权投资。商业计划书需侧重体现营收、利润和盈利能力，因为企业想要成功上市，必须符合 IPO 的条件，IPO 上市对企业的净利润和营业收入是有要求的。如果企业收入达不到预期，那么将很难从投资人手中融得资金。

拓展贴士　*投资人的类型*

投资人主要分为个人投资人和机构投资人。个人投资人以天使投资（Angel Investment）居多，投资阶段主要是种子期和天使期，投资金额通常不大，但如果项目成功，回报会较高。机构投资人主要有风险投资和私募股权投资。风险投资（Venture Capital）可能会在项目早期参与投资，也可能在中后期才进入，主要看机构的偏好和资金实力。私募股权投资（Private Equity）的投资对象主要是有发展潜力的非上市企业。

2.3　翔实的市场调查

在撰写商业计划书前，对项目各方面情况进行市场调查是很有必要的。这能帮助创业者进一步认识项目本身，了解市场现状、发展趋势以及风险等，为项目的发展定下方向和重点，并在商业计划书中进行说明和展示，以证明其在行业中的可行性。

2.3.1　市场调查的主要方法

在做市场调查前要了解市场调查的主要方法，并根据需要选择合适的调查方法，市场调查的主要方法有以下几种。

（1）问卷法

问卷法是指通过问卷调查表来获得所调查对象的信息，被调查者根据自己的意见或答案填写问卷。实地调查和线上调查都可以采用这种方式，这种调查方式有两大优点。

① 问卷是统一设计的，标准化程度高。

② 调查结果容易量化，省时、收效快。

问卷法的类型很多，在回答形式上会有差异，常见的有是否式、多重选择式、自由叙述式和单选打分式等。

◆ 是否式

是否式比较好理解，即被调查者只从"是"或"否"中选择一个答案，这种问卷类型简单易答，数据处理简单。如下所示为是否式问卷示例。

1. 请问您是否是在校学生？

□是

□否

2. 您经常在外面餐馆就餐吗？

□是

□否

◆ 多重选择式

多重选择式是指让被调查者从提供的答案中选择一个或多个答案，由于答案可能有多个，所以也给数据处理带来了一定的难度。如下所示为多重选择式问卷示例。

您会因为什么原因光顾一家餐厅？（多选题）

□营养丰富

□菜品美味

□价格便宜

□有创新菜式

□地理位置

□餐饮品牌

□方便快捷

◆ 自由叙述式

自由叙述式只提供问题，不提供答案选项，被调查者可以自由作答，在回答上没有任何限制。如下所示为自由叙述式问卷示例。

您曾使用的护肤品品牌是：_____

_____

您对我们的产品有什么其他意见和建议：_____

◆　单选打分式

单选打分式提供多个答案，答案有强弱程度的区分，被调查者需从中选择一个自己认为合适的答案。如下所示为单选打分式问卷示例。

您对我们产品的使用满意度是？

☐非常满意　　　　　10 分

☐满意　　　　　　　8 分

☐一般　　　　　　　6 分

☐较差　　　　　　　4 分

☐很差　　　　　　　2 分

在对调查问卷进行设计时，可以灵活使用以上几种类型，有时还可将几种类型并用。

（2）电话访问法

电话访问法是指以电话问询的方法进行调查，即使双方距离较远也能实现调查访问，优点在于时间和费用均较经济，问卷回收迅速；缺点在于受通话时间的限制，被访问者可能缺乏耐心回答问题，或者没有太多时间回答，而导致回答过于敷衍。

电话访问法更适合题目少、内容较为简单的问卷调查，被访问者采用随机抽样方式抽取，访问员根据被调查者的回答来填写问卷。

（3）观察法

观察法是指通过视觉、听觉或借助摄像器材直接或间接调查和收集信息的一种方法。观察法不需向被调查者提问，调查人员应选择合适的取样时间和地点，然后到现场进行观察并记录。

（4）实验法

实验法是指在即定的条件下，通过实验的方式进行调查，从而获取所需的信息。实验法的应用范围比较广泛，比如产品的包装、设计、规格需要改变，这时可以采用实验法进行市场调查。以新品开发为例，实验法的具体做法是：先选定一个实验市场，该市场要与准备进入的市场有较强的相似性，然后在实验市场上进行试验销售，最后对实验结果进行分析，为生产经营提供决策依据。

（5）情况推测法

情况推测法是结合经验以及掌握的信息进行评估推测，最后对市场做出判断的一种调查方法。情况推测法常用于对未来趋势进行分析和推测，应用比较灵活，但要尽可能全面地考虑影响因素。在使用情况推测法时，要将定性分析和定量分析结合起来，这样能让分析更准确。

2.3.2　市场调查的数据类型

为保证市场调查的科学性、系统性和客观性，在调查时应按照一定的步骤进行。市场调查可分为3个阶段，这3个阶段涉及7个环节，如图2-6所示。

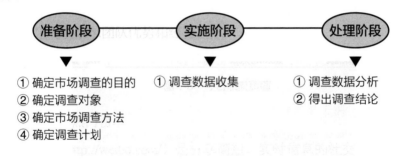

图2-6　市场调查的步骤

从图2-6可以看出，在准备阶段需要做的工作较多。实施阶段涉及的环节虽较少，但却是极为重要的一部分，会直接影响调查的最终结果。市场调查涉及数据的收集，按类型可分为一手数据和二手数据两大类。

（1）一手数据

一手数据也被称为原始数据，是指通过问卷、访谈、询问等方式直接获取的数据。在撰写商业计划书时，一手数据是为了针对某些问题，由调查人员收集的。如下所示为某酒吧项目一名被调查对象的调查问卷的部分内容。

您的性别是？

☑ A. 男　　　　　　　□ B. 女

1. 请问您的年龄是？

□ A. 15 岁以下　　　　□ B. 15～19 岁　　　　☑ C. 20～25 岁

□ D. 26～30 岁　　　　□ E. 31～40 岁　　　　□ F. 41～50 岁

□ G. 51～60 岁　　　　□ H. 60 岁以上

2. 请问您的学历是？

□ A. 初中　　　　　　　□ B. 高中　　　　　　　□ C. 大专

☑ D. 本科　　　　　　　□ E. 硕士　　　　　　　□ F. 博士

3. 请问您的职业是？

□ A. 公务员　　　　　　□ B. 事业单位　　　　　□ C. 企业高管

☑ D. 普通员工　　　　　□ E. 老板　　　　　　　□ F. 自由职业者

□ G. 学生　　　　　　　□ H. 其他，请写明＿＿＿＿＿＿＿＿＿＿

4. 请问您的月均收入是？（含奖金、福利等）

□ A. 3000 元以下　　　□ B. 3000～5000 元　　□ C. 5001～10000 元

□ D. 10001～15000 元　☑ E. 15001～20000 元□ F. 20001～30000 元

□ G. 30000 元以上

……

11. 请问您更愿意去哪些酒吧进行消费？【多选】

□ A. 威士忌吧（高地威士忌吧）　　　□ B. 鸡尾酒酒吧

☑ C. 音乐餐吧（如胡桃里）　　　　　□ D. 夜店（space、inside）

☑ E. 清吧（commune 公社）　　　　　□ F. 都不去

……

通过该问卷可以了解到该被调查者的年龄为 20～25 岁、学历为本科、职业为普通员工、月均收入为 15001～20000 元等信息，调查人员通过该问卷取得的数据就是一手数据。

（2）二手数据

二手数据是相对原始数据而言的，是通过相关数据平台、报告直接获取的数据，具有取得迅速、成本低、易获得等优点。在撰写商业计划书时，如果能够获取二手数据，则可直接使用，这可以节省时间、降低成本，提高商业计划书撰写的效率。但要注意，所选用的二手数据要保证与内容是相关的，同时，还要注意数据的时效性和可靠性。如图2-7所示的数据就是二手数据。

图 2-7　二手数据示例

2.3.3　做好商业计划书市场调查和分析

一个好的商业计划书必定要有数据来支持，撰写商业计划书前需要对市场进行分析，以数据为基础来描述企业/项目在市场中的定位以及可行性。可以说，商业计划书是团队成员在前期调查、搜集、分析的基础上，全面深刻呈现项目信息的计划书，所以，市场调查也会影响商业计划书的撰写。那么，要如何做好商业计划书的市场调查呢？具体要注意以下几点。

（1）市场调查阶段

市场调查应在开始撰写商业计划书的早期阶段进行，了解目标市场前景、发展趋势以及需求，为后续工作打好基础。做好市场调查后，再进行内容填充。

（2）提取关键数据

根据市场调查的结果，提取商业计划书所需的关键数据和信息。而商业计划书中需要的关键数据包括外部数据和内部数据。

外部数据。 能够体现企业／项目所在市场情况的相关数据，如市场规模、市场需求预测、头部企业、每年的发展趋势、增长预期、产品生命周期和行业竞争格局等。

内部数据。 能够体现企业经营状况的相关数据，如收入、利润、资产负债表、主要大客户和盈利能力等。

外部数据和内部数据都是商业计划书中至关重要的核心数据，如果企业还未成立，项目还处于萌芽期，那么外部数据就要有足够的说服力，这样才能说服投资人投资。

（3）制订市场调查计划

商业计划书的市场调查应有计划地进行，以确保调查工作能够顺利完成。创业者需要对调查的费用、人员、时间以及进度等进行规划，制定切实可行的调查方案。

市场调查需要费用，创业者需设置好初步预算，这能帮助控制成本，合理安排支出。从成本管理的角度出发，在搜集数据时，可以先查找二手数据，如果二手数据不能满足需求，再通过问卷、电话访问等方式获取一手数据。

做商业计划书市场调查，主要从目标市场出发，所以创业者要清楚自己的目标市场，有针对性地开展调查。如下所示为某微课项目市场调查方案，供借鉴参考。

一、调查目的

1. 了解高校或医院开课的需求。

2. 了解潜在客户规模及分布状况。

3. 根据调查研究分析来确定微课的定位、市场前景，做出市场潜力测评。

4. 公司将面临的直接竞争者、市场风险。

二、调查对象

高校（本科院校、高职院校、中职院校）、医院、教师。

三、调查内容

1. 产品自身情况调查。

2. 需求市场调查，包括消费者偏好、购买决策、购买行为、支付能力和购买人群。

3. 竞争市场调查，包括主要竞争对手、各竞争对手的优势和劣势。

四、数据收集

购买意向、不同领域消费者的需求、竞争状况。

五、抽样方法

分层抽样，不同专业、不同学校和医院分层抽样，按比例抽取一个样本量为 500 的样本。样本要求为本科、高职、中职、医院及各个专业。

六、调查方法

目标人群常用移动 App 问卷、微信问卷、高校内发放问卷。

七、调查安排

问卷与量表设计→实施计划→数据分析→报告结论。

八、调查预算

1. 调查人员费用：（略）

2. 线上调查费用：（略）

3. 数据分析整理：（略）

2.4　商业计划书的常见败笔

商业计划书的撰写是一个系统工程，需要经过前期沟通、市场调研、框架搭建和细节打磨等环节。在商业计划书撰写过程中，创业者可能陷入误区，导致商业计划书无法真正发挥作用，有的错误还可能成为商业计划书的败笔，以致影响项目或企业的融资。

2.4.1　语言混乱，废话多

语言混乱、废话多是商业计划书常见的败笔。成功取得融资的商业计划书，都具有语言言简意赅、内容丰富的特点，阅读者容易找到关键点，也易于读懂。

为了避免商业计划书存在以上败笔，在编写商业计划书时要遵循简练、清晰的原则，注重内容的精简和提炼。如果商业计划书满是文字，即使用心地编写或论述详细，也难以让投资人在短时间内抓住重点。

所以，在商业计划书中，无论是文字还是图表的论述，都要保证叙述逻辑缜密、重点突出，没有废话。如下所示为某生态旅游区商业计划书中关于旅游开发模式的内容。

> **实例分析** 语言简练清晰，让计划书重点突出
>
> （三）旅游开发模式
>
> 1.保护是前提，资源是基础，市场是动力
>
> 传统大众旅游开发的导向模式有 3 种：一是资源导向模式；二是市场导向模式；三是资源与市场相结合导向模式。这些模式均缺乏"保护"的考虑，是资源与环境保护在旅游开发中难以落到实处的主要原因之一。为此，生态旅游区的开发应构建一种新的导向模式，即将"保护"作为旅游业发展的首选导向因素来考虑，形成"保护＋资源＋市场"型综合发展导向模式。
>
> 2.资源投入，知识投入，资金投入多渠道
>
> 生态旅游区的开发应树立两个新的观点：其一是"资源有价"，在旅游开发管理中，让资源入股，并从旅游收入中回投资金，专项用于资源与环境保护；其二是"知识有价"，在旅游发展中，投入足够的知识，以保证资源与环境的高效利用和有效保护。在资金的筹措与投入上，坚持国家、地方、外资、集体、个人等各种资金一齐上的原则。

3. 循序开发，滚动发展

自然保护区生态旅游的开发应坚持条件成熟一点开发一点、不成熟就先保护起来的循序开发模式，最终把整个景区做大做强。同时，旅游项目的开发，应根据市场的需求，不断推陈出新，增加吸引力，形成一种滚动发展的模式。只有"循序"与"滚动"相结合，才能保证各景区协调发展，从而获取最大整体效益。

从节选的内容可以看出，该部分内容紧紧围绕"旅游开发模式"这一主题进行阐述，内容有逻辑、有条理，语言表述没有出现混乱、不清晰的情况，且观点表达准确，不会让人觉得废话过多。

从那些融资失败的案例中，可以看到有些商业计划书存在内容啰唆、废话太多这一败笔，虽然计划书的页数很多，但实际上都是些废话，真正有价值的内容少之又少。

2.4.2　宣讲人与执笔者脱钩

宣讲人与执笔者脱钩可能会导致本能拿到融资的商业计划书，因为宣讲人对计划书不够了解，而使融资失败。大多数情况下，商业计划书的宣讲人和执笔者都是创业者本身，因为他们了解创业团队、产品体系，更容易在宣讲过程中讲明项目的基本情况。

但有时也会出现创业者对商业计划书的编写参与不足的情况，甚至可能将商业计划书的编写工作全权委托给他人，这种情况下可能会出现以下问题。

- ◆ 对商业计划书不够了解，以致在演讲时说话磕磕绊绊。
- ◆ 演讲时不知道重点是什么，扩展点在哪里，计划书的演讲只是照读文字内容。
- ◆ 因为宣讲人没有参与计划书的编写，以致演讲时出现多次口误，影响演讲效果。

◆　投资人询问商业计划书的细节时，如数据的来源和依据，无法回答。

在编写商业计划书时，创业团队应全程参与，创始人若作为商业计划书的宣讲人，更要实际参与计划书的编写过程。商业计划书的演讲有以下要点需要注意。

（1）应该说而不是念

不要把商业计划书上的内容原原本本地念给投资人听，这会让投资人感到无聊。应以"说故事"的方式来演讲，避免演讲给人"干巴巴"的感觉。要做到"说故事"，在演讲前就要熟悉商业计划书的内容，清楚要讲哪些内容，以及哪些需要详细讲述，哪些又要一带而过。在商业计划书的演讲中，创业者要抓住以下 4 个问题，然后围绕这些问题展开讲解，这会让商业计划书更有吸引力。

① 企业 / 项目是做什么的？

② 企业 / 项目能够解决客户哪些问题？

③ 企业 / 项目如何与众不同？

④ 与投资人有何关系？

（2）避免使用太多专业名词

演讲时应避免使用太多专业名词，有的演讲人可能认为使用专业名词会让演讲显得很专业。其实不然，商业计划书的演讲必须考虑所面对的观众，投资人并不一定能听懂各种费解的专业名词，演讲应该简洁易懂，不应给理解带来障碍。

（3）演讲要充满热情

商业计划书的演讲不是独白，即使是面对公司内部成员进行的讲解，也应有情绪。可以通过语气语调、肢体动作来调动现场情绪。比如讲到重点、亮点时可以提高音量，表现出自信，从而让观众提高注意力。对于一些需要思考的部分，如商业模式，可以放慢语速，给予观众理解的时间。

2.4.3　商业计划书常见的其他错误

商业计划书的撰写还可能存在其他错误，以下为其他一些常见的错误，创业者在编写时要特别留意。

- 商业计划书中有太多口号，特别是"假、大、空"的口号，这些口号在投资人以及合作者眼里都是虚假的谎言，此类商业计划书很容易被投资人所淘汰。

- 为了突出自身优势，在商业计划书中故意贬低竞争对手，这种行为容易引起反感，切忌用贬低他人的方式来抬高自己，而应客观，尊重事实。

- 商业计划书中会有关于财务预测的内容，财务预测不切实际也是商业计划书容易出现的错误，会给对方留下不诚信的印象。

- 故意隐瞒事实真相，避谈劣势，也是撰写商业计划书时常见的误区，商业计划书的撰写应以事实为依据。

- 商业计划书不专业，具体表现为数据没有说服力、内容描述不清楚、内容有明显错误等。

扫码做习题

扫码看答案

第3章　商业计划书的制作细节

商业计划书的写作就如同"盖楼房"，搭建好框架后，还需要砌筑内容主体，进行细节调整。细节调整是优化的过程，它能使商业计划书内容更细致、专业，是商业计划书撰写过程中不可或缺的一个环节。

内容的合理规划

图表更具说服力

善用图示化表达

文档排版基本技巧

商业计划书目录的展示

扫码获取本章课件

3.1 商业计划书撰写技巧

商业计划书的撰写并非没有技巧，投资人能够从字里行间看出创业者是否在计划书的写作上下了功夫，是否有诚意。好的商业计划书在内容的安排上应是逻辑通顺且合理的，关键点有数据支撑且经得起推敲。

3.1.1 内容的合理规划

前文已介绍过商业计划书的框架结构，了解了商业计划书的内容结构。实际上，商业计划书各版块的顺序并不是固定不变的，也不是每个版块的内容都要写，在具体写作时可以根据需要灵活设计，主要原则是让商业计划书阅读起来思路清晰，有头有尾。

本书将商业计划书划分为四大结构，分别是封面、摘要、正文以及附件。封面就是计划书的头部，摘要和正文是身体，附件是腿脚。其中，摘要和正文可发挥的空间较大。如图 3-1 所示为某商业计划书的内容规划。

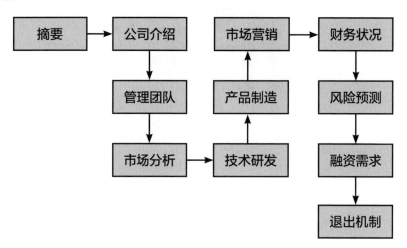

图 3-1　某商业计划书内容规划（1）

图 3-1 所示的商业计划书是按照概括→我们是谁→目标市场怎样→发展规划如何→有哪些风险→如何退出的思维逻辑来安排内容的。下面再来看另一份商业计划书内容规划安排，如图 3-2 所示。

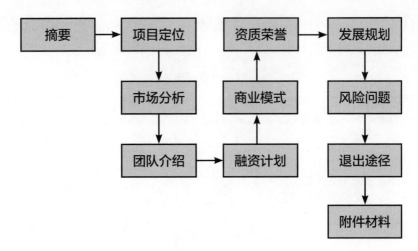

图 3-2　某商业计划书内容规划（2）

从图 3-1 和图 3-2 可以看出，这两份商业计划书在内容规划上有所不同，图 3-1 先介绍了公司和团队，而图 3-2 则从项目入手，先说明项目定位和市场，再介绍团队。两种结构并没有优劣之分，只是创业的具体情况不同。

第一份商业计划书的撰写背景是公司已经成立，且拥有自主研发的产品，因此会对产品的市场营销、制造和技术研发进行说明。

第二份商业计划书的撰写背景是项目还处于萌芽期，所以要让投资人看到项目的商业模式、发展规划以及团队能力。

部分创业者在撰写商业计划书时习惯于套用固定的模板，虽然商业计划书有相对固定的格式，但具体结构和内容安排还应根据自身的实际情况来合理规划。套用固定的模板常常导致商业计划书不具备针对性，无法体现项目特色和亮点。

3.1.2　图表更具说服力

在撰写商业计划书时，利用图表对一些数据内容进行表达更便于理解，也更具说服力。图表有多种类型，在运用时要根据数据内容灵活使用，以确保图表能够明确、有效地传递信息。

在数据可视化表达中，表格是比较常用的，由一行或多行单元格组成，行和列可以传达特定的信息内容。如表 3-1 所示为在某智能电视商业计划书中用表格分析竞争对手，内容规范，也便于比较和理解。

表 3-1　竞争对手分析

对比项	A 公司	B 公司	C 公司	D 公司
市场战略	提供流媒体集群系统为主，主要业务为数据总局的多媒体数据业务	提供自主产权的视频监控板卡为主，面向整机生产商	提供视频监控板卡和视频算法包为主，面向整机生产商和中小型板卡生产商	视频算法的提供商和板卡设计商，提供完整的解决方案，逐渐进入工程领域
技术对比	自主掌握了 H.263 水平的 mpeg4 算法，工程能力较强	自主掌握了 H.263 水平的 mpeg4 算法	自主掌握了 H.263 水平的 mpeg4 算法	自主掌握了 mpeg4 及最新的 H.264 算法，比 H.263 算法提高 30% 以上的效率，板卡设计及工程能力较强
管理水平	略	略	略	知识型企业

　　表格不仅可用于展示数据，还可让文字表述更简单明了。图表的优点在于能够形象地表示数据之间的关系，常见的图表有柱状图、折线图、条形图、饼图和环形图等。在制作 PPT 形式的商业计划书时会大量使用到图表，如图 3-3 所示为某商用设备物联网商业计划书中关于商业背景的内容。

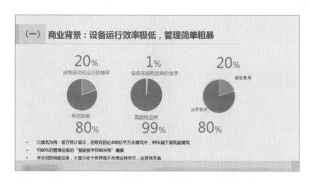

图 3-3　某商业计划书关于商业背景的内容

上图运用了饼图来表示设备自动化运行的楼宇、设备低能耗运转的楼宇、建设费用的数据占比，直观地反映了某一部分占整体的比例。从上述例子可以看出，在商业计划书中用表格和图表来表达，既能提高内容的可阅读性，又能让内容更严谨专业。图表的制作可分三步，具体内容如下所示。

- ◆ **分析原始数据**：首先对原始数据进行分析，了解数据之间信息关系，以及要传递哪些信息。

- ◆ **选择图表类型**：根据数据内容选择恰当的图表类型，明确是使用表格，还是柱状图、环形图或是其他图表形式。

- ◆ **可视化表达**：使用图表工具制作图表，以可视化的形式来呈现并传达数据信息。

图表一般由标题、坐标轴、图例、图形、数据标签构成，这 5 个要素在图表中的展示如图 3-4 所示。

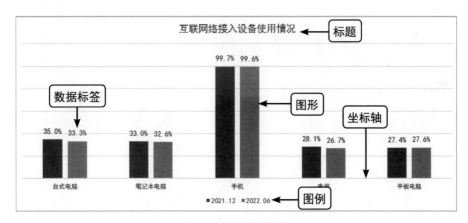

图 3-4　图表构成要素

在制作图表时，为了让图表更美观、易读，还需对图表进行美化，如使用装饰性元素、省略数据标签，但不能丢失数据信息传递的作用，仍要保证图表能正确表达数据的含义，否则会适得其反，无法发挥图表的价值。如图 3-5 所示为《2022 中国智造观察报告》中的图表内容。该图表就是经过美化后的图表，看起来简洁直观，也能够说明"中国制造业规模优势不断巩固"这一观点。

图 3-5　《2022 中国智造观察报告》部分内容

在商业计划书中使用图表既要考虑美观性，也要保证图表的可理解性，同时还要考虑文档的展示空间大小，如果图表过大，超出页边距，需对图表进行优化。制作图表时应避免以下错误。

◆　没有正确表示数据信息。

◆　图表有太多元素，看起来很混乱。

◆　图表无法印证观点或内容标题。

3.1.3　善用图示化表达

商业计划书的撰写要善用图示化的表达技巧，特别是在制作 PPT 形式的商业计划书时，更要注重图示化表达。图示化表达是指使用图形语言来表达信息，能够让信息表达更直观、形象和简洁。图示的类型有多种，恰当的运用图示化表达能让商业计划书增色不少。商业计划书常用的图示类型有以下几种。

（1）并列式图示

并列式图示将内容信息按照并列关系进行排列，这种布局方式简洁直观，能让内容展示显得规整统一。并列式图示又可分为横列式、纵列式、表格式和散列式。

◆ **横列式**：按照从上到下的顺序依次排列内容，为避免内容枯燥，可用图形装饰，如图 3-6 所示为横列式图示示例。

图 3-6　横列式图示

◆ **纵列式**：将内容分为几列，按照从左到右的顺序依次排列，如图 3-7 所示为纵列式图示示例。

图 3-7　纵列式图示

◆ **表格式**：将内容划分为多个版块，按照表格形式进行排列，能有效利用空间，也使内容更规整，如图 3-8 所示为表格式图示示例。

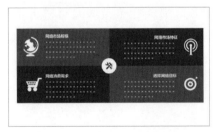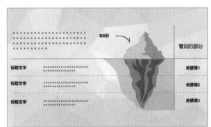

图 3-8　表格式图示

◆ **散列式**：打破了条目的布局限制，在图示设计上更加灵活多变，可使图示错位或者倾斜排列，如图 3-9 所示为散列式图示示例。

图 3-9　散列式图示

（2）递进式图示

递进式图示是指按照递进关系来展示内容，具体又可分为时间轴式、金字塔式、阶梯式和圆环式等。

◆ **时间轴式**：时间轴式是按照时间顺序将事件串联起来，在商业计划书中进行可行性分析。展示发展前景都可以使用时间轴式，可以横向布局，也可以纵向布局，如图3-10所示为时间轴式图示示例。

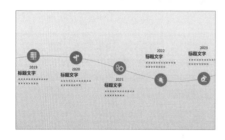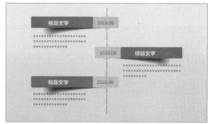

图 3-10　时间轴式图示

◆ **金字塔式**：金字塔式又叫棱锥图，可用于表达多层递进的结构关系，如图3-11所示为金字塔式图示示例。

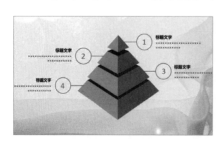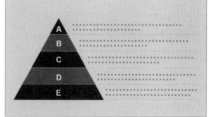

图 3-11　金字塔式图示

◆ **阶梯式**：阶梯式就是按照阶梯图来展示内容，可通过阶梯的高低来表达趋势和变化，如图 3-12 所示为阶梯式图示示例。

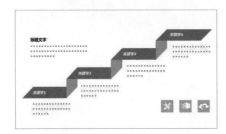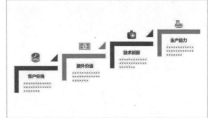

图 3-12　阶梯式图示

◆ **圆环式**：圆环式可用于表达部分与整体的关系、包含关系、并列关系以及层层深入的递进关系，有同心圆、相切圆和循环圆等，如图 3-13 所示为圆环式图示示例。

图 3-13　圆环式图示

（3）总分图示

总分图示用来表达总分关系，可分为树状式和环绕式，树状式常用来表示组织关系，环绕式则是让内容环绕主题进行排列，如图 3-14 所示为总分图示示例。

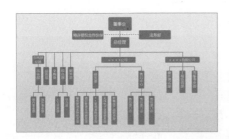

图 3-14　总分图示

（4）其他图示

除以上一些图示外，在撰写商业计划书时还可使用对比图示、流程图示等，对比图示用于表达对比关系，流程图示用于展示流程或原理，如图3-15 所示为对比图示和流程图示示例。

 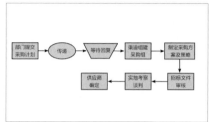

图 3-15　对比图示和流程图示

3.2　Word 制作精读计划书

在制作商业计划书时通常要准备两个版本，一个是 Word 版本的商业计划书；另一个是 PPT 版本的商业计划书。Word 版本为精读版，内容翔实丰富，能够详细地呈现整个商业计划。

3.2.1　文档排版基本技巧

Word 版的商业计划书内容较多，因此，文档的排版和布局比较重要。如果不注重排版，很容易使内容杂乱，让人失去阅读兴趣。Word 版的商业计划书，排版的要点是保证内容整齐美观，文字阅读清晰。在对 Word 版的商业计划书进行排版时，有一些技巧可以运用。

（1）区分标题和正文

Word 版的商业计划书会有多级标题，如一级标题、二级标题和三级标题等，各级标题的字号、字体和编号应统一且规范，如一级标题为宋体小三号、加粗，编号为第一章、第二章、第三章；二级标题为宋体四号、加粗，编号为一、二、三；三级标题为黑体小四号，编号为 1、2、3。所有的标题应独立成行，标题末不加标点。标题和正文内容应有所区分，主要通过字号、字体和段落排版来区分，正文的字号要小于一级标题、二级标题，可以与小级别的标题字号相同，但字体应有所区分，如标题为宋体，正文为仿宋。如图 3-16 所示为标题和正文排版示例。

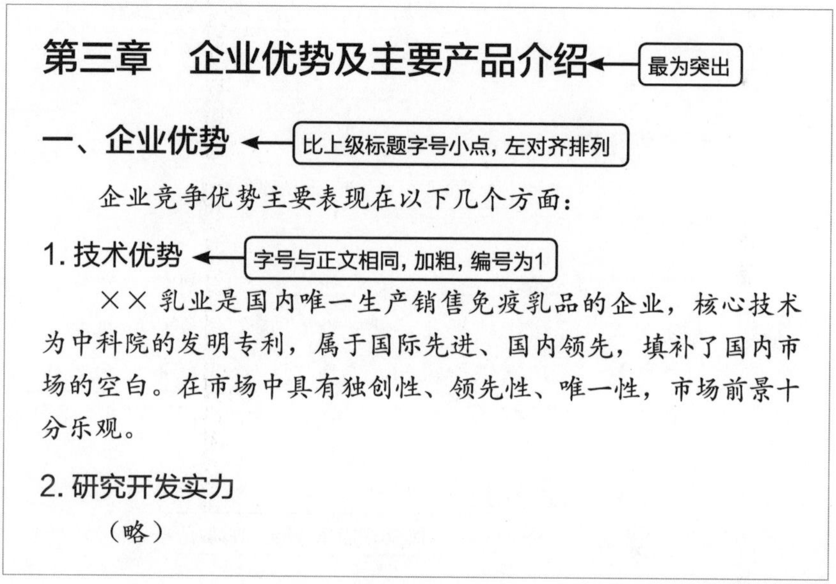

图 3-16　标题和正文排版示例

（2）文字间距的控制

文字间距也会影响商业计划书的美观和可读性，在文字内容较多的情况下，间距越紧凑，越显得版面密密麻麻。所以，在排版时要注意把握文字间距。

一般情况下，正文文字间距是不需要设置的，保持默认即可，标题的字符间距可适当加宽，但不能太宽，否则会让文字显得散乱，需要重点调整的是文字间的行间距和段落间距。

行间距过于拥挤或松散，都会影响阅读效果，要保证行间距恰当。比较常用的行间距为 1.2 ～ 1.5 倍，当然，也可以设置为单倍行间距或者 1.5 倍行间距，或设为固定值 18 磅或 20 磅。

段落间距是段与段之间的间距，为了使商业计划书更美观，字体越大，段落间距应越大。段落间距可以等于或者大于行间距，这样可以很好地隔开段落，避免产生跳行错读现象。

商业计划书文字的字符间距、行间距和段落间距并没有固定标准，一般原则是字间距小于行间距，行间距小于段落间距。在排版时，只要保证连续阅读时字与字、行与行之间清晰明了，阅读起来比较舒适即可，如图3-17所示为文字间距排版示例。

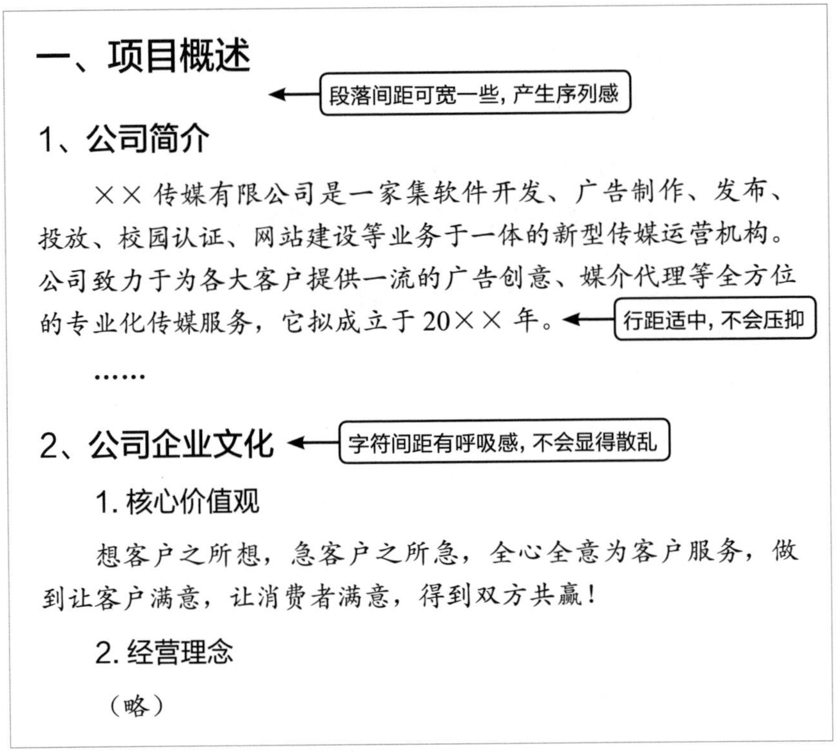

一、项目概述

← 段落间距可宽一些，产生序列感

1、公司简介

　　××传媒有限公司是一家集软件开发、广告制作、发布、投放、校园认证、网站建设等业务于一体的新型传媒运营机构。公司致力于为各大客户提供一流的广告创意、媒介代理等全方位的专业化传媒服务，它拟成立于20××年。← 行距适中，不会压抑

　　……

2、公司企业文化 ← 字符间距有呼吸感，不会显得散乱

1.核心价值观

　　想客户之所想，急客户之所急，全心全意为客户服务，做到让客户满意，让消费者满意，得到双方共赢！

2.经营理念

　　（略）

图 3-17　文字间距排版示例

（3）页边距的设计

合理的页边距可以让商业计划书更专业、美观，在设计商业计划书的页边距时，可以选择系统内置的几种页边距。如果内置的页边距无法满足需要，也可以自定义设置。一般来说，在商业计划书中使用常规页边距即可。让页面有适当的留白，会使整个文档更有空间感，不会过于拥挤。

（4）注意缩进和对齐

要让商业计划书更美观，还要注意缩进和对齐的设置，一般来说，正文要缩进两个字符；一级标题通常不缩进，采用左对齐或者居中排列的方式；其他级别的标题可以左对齐，或者与正文一样缩进两个字符。

商业计划书还要注意图片和表格格式的设计。图片和表格一般居中，表格中的文字根据内容的多少来考虑对齐方式，文字较少可以居中，较多则可以左对齐。整体原则就是让文字、图片和表格看起来规整，如图 3-18 所示为商业计划书对齐排版示例。

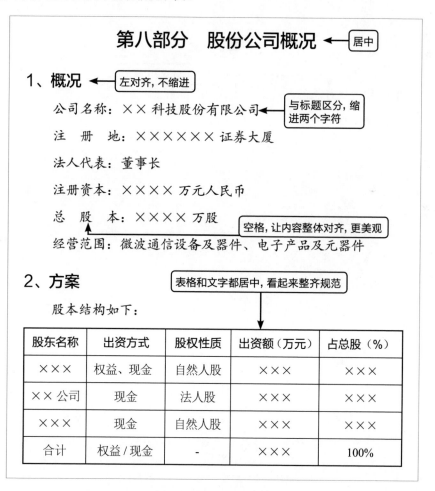

图 3-18　对齐排版示例

3.2.2　商业计划书目录的展示

　　目录能让投资人快速了解商业计划书的整体框架，也便于查询内容。对于内容丰富的商业计划书而言，在没有目录的情况下，如果要查看某一小节的内容，就只能逐页翻看。所以，目录的展示很重要。

　　目录的排版也要注意格式和美观。目录展示要体现标题的级别，即明确哪些是一级标题，哪些是二级标题，标题层级不可混乱。另外，还要考虑字体大小、设置缩进。标题后应有对应的页码，页码前用制表位连接，页码应右对齐，如图 3-19 所示为目录排版示例。

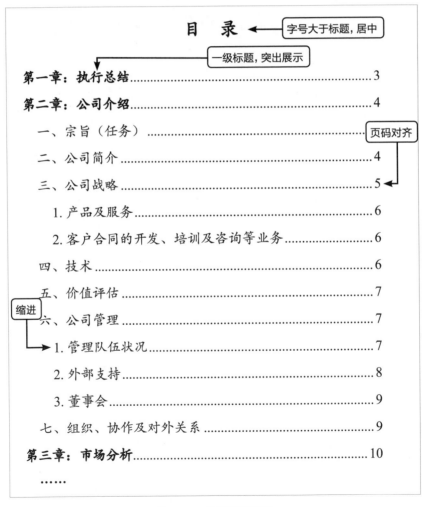

图 3-19　目录排版示例

> **拓展贴士**　*目录的自动生成和手动生成*
>
> 　　使用 Word 制作商业计划书的目录，可通过"引用 / 目录"功能自动生成目录，也可手动生成目录。手动生成目录需要在生成的目录模板中手动输入目录内容，两种方法可根据需要选择。

3.2.3　图表的选择与制作

　　在撰写商业计划书时，常常会使用图表。制作图表时首先要选择适当的图表类型。商业计划书中常用的图表有以下几类。

（1）柱状图

　　柱状图又被称为长条图、柱状统计图，能通过高度不等的矩形条来展示数据间的对比关系。在商业计划书中对比分类数据时，就可以使用柱状图。根据数据的具体情况，还可以选择单柱图或者簇状图，单柱图较简单，只有一个维度需要比较，如时间、地区等，指标可以是销售额、用户量等；簇状图是柱状图的衍生图形，比单柱图复杂，其能通过不同的柱状色彩来反映对比维度之间的关系，适合对比组内的各项数据。如图 3-20 所示为柱状图示例。

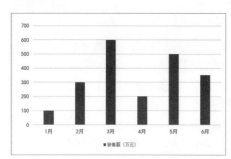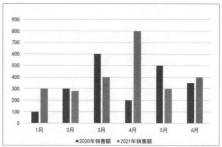

图 3-20　柱状图示例

　　制作柱状图时，要选择合适的间距宽度，如果柱状条的宽度过小，会影响数据的识读。另外，应避免柱状条色彩过多，以免影响数据的易读性。为保证数据易于识读，还要注意字体大小的设置，数值、图例文字都不能过小。如果要在柱状图中突出某一数据，可以使用不同颜色区别，如图 3-21 所示为使用橙色来突出某一数据。

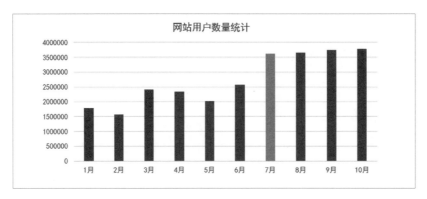

图 3-21　使用橙色突出数据

（2）条形图

从形态上看，条形图似乎只是交换了柱状图坐标轴的位置，在很多情况下，条形图和柱状图是可以互相替换的。条形图从上往下水平排列，主要用于表达比较关系，而柱状图主要体现数据的差异。另外，如果数据分类名称较长，使用条形图会更符合人们的阅读习惯。排行比较、问卷统计分析等都可用条形图展示，如图 3-22 所示为条形图示例。

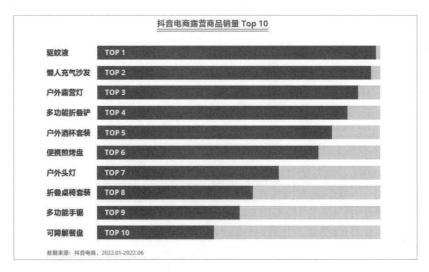

图 3-22　条形图示例

在使用条形图时，为了直观地展示数据之间的比较关系，一般按由大到小或由小到大的数值顺序排列，如果不注重数值顺序，而是混乱排列，不仅不能清晰地反映指标的比较关系，还会影响美观。

（3）饼图

饼图又称饼状图，可用于表示每个值占总值的比例，可体现局部与整体之间的关系。在饼图中，用扇形的弧长大小来表示数据的比例，所有的扇形组合在一起刚好构成一个圆。如果要在商业计划书中展示各分类间的占比，或者突出某一部分在整体中的占比就可以使用饼图。如图 3-23 所示为饼图示例。

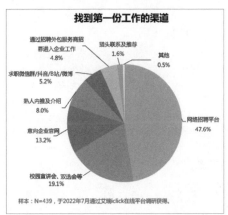
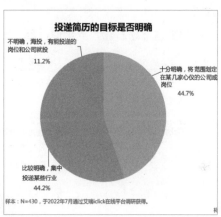

图 3-23　饼图示例

在撰写商业计划书时饼图运用得较多，在具体制作饼图时要注意以下几点。

◆ 为便于阅读，最好将占比数据标示出来。

◆ 扇形区域按照大小顺序依次展示，更直观了然。

◆ 如果分类项过多不建议使用饼图，这会导致每个扇形区域的占比过小。

（4）环形图

环形图与饼图的用法相似，但也有一定的区别，在形态上，环形图被挖去了中间部分。在撰写商业计划书时，可用多环来展示多个样本，也可利用复合环进行多个样本的比对，如图 3-24 所示为环形图示例。

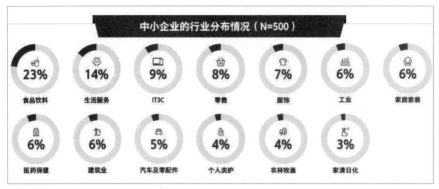

图 3-24 环形图示例

环形图同样不适用于展示分类过多的数据，一般来说，最好将数据的分类数量控制在 5 个以内。如果数据分类过多，建议使用柱状图、条形图或者表格来展示。

（5）折线图

折线图可用于表示随时间变化而变化的连续数据，折线图中的线条就是各数据节点相互连接而成的。在撰写商业计划书时，如果要体现随着时间的推移而产生的变化趋势，则可以用折线图来展示，如一年的销量变化。

折线图中的水平轴一般为日期，所有数据沿垂直轴均匀分布。折线图中的折线可以有多条，但在使用时一般不建议折线条数过多，最好控制在 7 条以内。

折线图不适合太多组数据的分类对比，这样易导致折线堆叠，影响数据的读取。如图 3-25 所示为折线图示例。

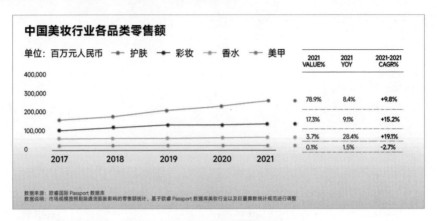

图 3-25　折线图示例

在制作折线图时，折线可以用虚线，也可以用实线，为了突出视觉重点，一般建议用实线，另外，也可根据需要将折线变为曲线。

（6）面积图

面积图又称区域图，用于强调数量随时间变化的程度，通过面积的变化让人们关注总值趋势。在撰写商业计划书时，如果要体现一定时间内数据的变化趋势，或者展示分类数据在某一时间段所占的面积比例，通常使用面积图，如图 3-26 所示为面积图示例。

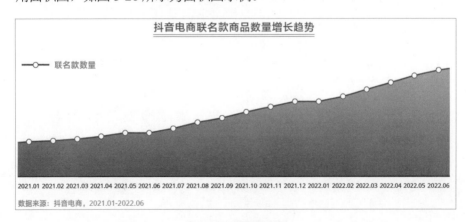

图 3-26　面积图示例

通过以上面积图示例可以清晰地看出抖音电商联名款商品数量随着时间推移呈现递增走势。面积图也支持数据的同期对比，同样能强调趋势变化，如图 3-27 所示为堆积面积图示例。

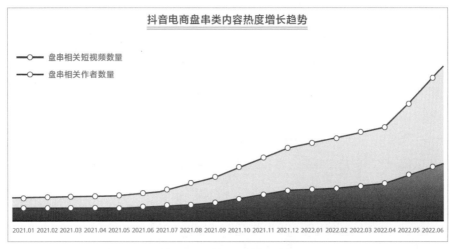

图 3-27　堆积面积图示例

（7）雷达图

雷达图又称蜘蛛图、网络图，可用于展示多变量数据，比如在对企业服务水平进行分析时，可以选取服务响应时间、询单转化率、客户满意度等评价指标，然后通过雷达图分析哪些方面做得好，哪些方面需要改进。雷达图在商业计划书中的运用虽然没有柱状图、折线图和条形图那么频繁，但仍要掌握其用法，如图 3-28 所示为雷达图示例。

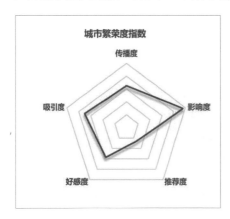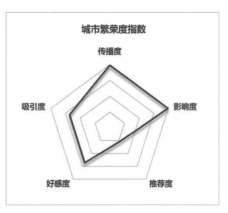

图 3-28　雷达图示例

在制作雷达图时，应注意控制变量的个数，如果多边形的边数过多，会影响可读性，图示保持简单清晰会更好。

（8）散点图

散点图是以散点的形式来表示数据在直角坐标轴上分布趋势的图表，通常用于比较跨类别的聚合数据，如图 3-29 所示为散点图示例。

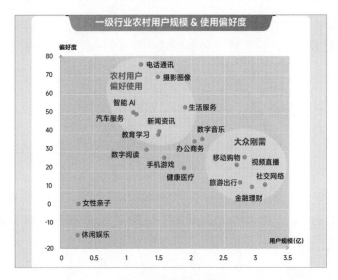

图 3-29　散点图示例

图表可以体现商业计划书的专业性，在了解了不同的图表用法后，要根据使用场景来选择合适的图表类型，以确保数据内容与图表展示适配。另外，在制作图表时还可能会用到组合图表，如图 3-30 所示。

图 3-30　组合图表示例

组合图表是将两种及以上的图表类型组合起来绘制在一个图表中，在商业计划书中比较常用的是柱状图＋折线图组合、柱状图＋面积图组合。

3.3 PPT 制作宣讲计划书

PPT 版本的商业计划书是对 Word 版本商业计划书的高度概括，主要用于路演和展示宣讲。在制作 PPT 版本的商业计划书时，也有很多要点需要注意。

3.3.1 PPT 版本商业计划书制作规范

PPT 版本的商业计划书主要由 3 部分构成，分别是封面页、内容页和结尾页，在制作时，要明确以下制作规范。

◆ **页数**：篇幅不能太长，在制作时要注意合理安排计划书页数，一般在 10 ~ 30 页是比较合适的，要确保投资人能在 5 分钟内阅读完。

◆ **统一风格**：PPT 的整体风格应该统一，具体需要统一字体、背景色彩、图标样式等，统一的风格可以让商业计划书看起来整洁美观，比如字体统一使用微软雅黑，以灰色和橙色为主色调，图标为扁平化风格，如图 3-31 所示为风格统一的商业计划书模板。

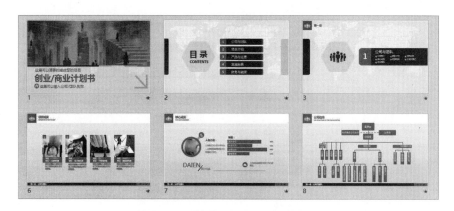

图 3-31 风格统一的商业计划书模板

◆ **注意版式设计**：不论 PPT 有多少页，在制作时都要注重版式设计，以让商业计划书看起来美观。另外，恰当的版式设计也利于信息的传递，能够辅助商业计划书的宣讲。

◆ **格式规范**：每页 PPT 的文字不宜过多，且字体不能过小，以阅读时简洁清晰、一目了然为宜。在对齐方式上，主要采用居中对齐和左对齐两种方式。PPT 版的商业计划书较少使用宋体、仿宋等字体，比较常用的是微软雅黑、黑体、楷体等字体，显示会更清晰。如图 3-32 所示分别为使用微软雅黑（左图）和宋体（右图）的商业计划书封面，可以看到左图字体更加醒目。

图 3-32　PPT 商业计划书字体格式比较

◆ **展示核心内容**：PPT 版本商业计划书绝不以篇幅取胜，而是要简洁精练、快速展示项目。因此，PPT 版本商业计划书的章节内容不必像 Word 版本一样翔实丰富，而应简明扼要，展示核心内容，如图 3-33 所示为两份 PPT 版本商业计划书目录，从目录可以看出，两份商业计划书的内容结构虽然不同，但章节安排清晰直观，不臃肿。

图 3-33　商业计划书目录

◆ **少文多图**：PPT 版本商业计划书要具有很强的可视性，在制作时应遵循少文多图的原则，应尽量避免使用大段的文字内容，多用图表、表格、图片来说明，对一些描述性的内容，可通过排版设计来让内容画面整齐有序。

3.3.2 PPT 要凸显的主要内容

PPT 版本商业计划书一般控制在 10 ～ 30 页，如何在有限的篇幅中安排恰当的内容，是撰写 PPT 版本商业计划书时需要着重思考的，在 PPT 版本商业计划书中要凸显的内容主要包含以下几方面。

（1）主题题目

主题题目即商业计划书的项目名称，这是 PPT 版本商业计划书的开头，是整个 PPT 的第一页，影响着投资人对项目的第一印象。重点突出、有新意、有特色的开篇页能加分不少。很多时候，在制作 PPT 版本商业计划书时，都会以 ×× 商业计划书 +logo/ 汇报人的方式来设计 PPT 的第一页，这是比较常规的设计方式。

为了在开篇就吸引到投资人，可以适当转换制作思路，避免采用千篇一律的开篇方式，如可以采用名称 + 定位的方式来凸显项目，在第一页就展示项目亮点，如下所示为某社交服务平台商业计划书 PPT 的第一页。

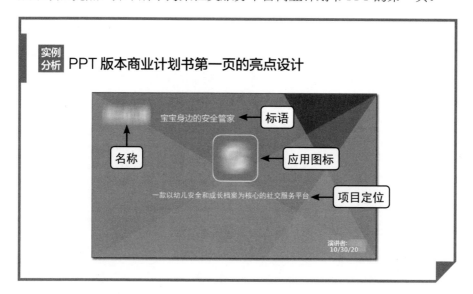

上述商业计划书的第一页简洁大方，选用平台图标的蓝色为主色调，既能够强调企业形象，也能在视觉传达上加深投资人对项目的印象。另外，蓝色能给人以科技感，符合项目所在行业的特点。

从内容和排版设计来看，第一页融入了创意设计，以平台名称、定位为切入点，向投资人展示了该社交服务平台的特色。在排版上，不是中规中矩的居中对齐排版方式。左对齐展示平台名称和标语，居中展示平台图标和定位，演讲者则放在右下角。这样的排版方式能让整个 PPT 看起来更具活力，图标所在的位置正处于视觉中心，最能吸引投资人的注意，具有突出、强调、聚焦视线的作用。

PPT 商业计划书的第一页有很多可供设计的空间，在制作时可利用构图、线框等突出重点、引导视觉，加入创意设计能让商业计划书更有特色，在第一眼就引起投资人的注意。

（2）项目介绍

项目介绍是 PPT 商业计划书需要重点凸显的内容，项目介绍即告诉投资人"我们要做什么"。在 PPT 中，尽量用简洁易懂的语言介绍项目，可从核心技术、项目背景、发展前景等方面进行阐述，如下所示为某社交服务平台商业计划书关于项目介绍的内容。

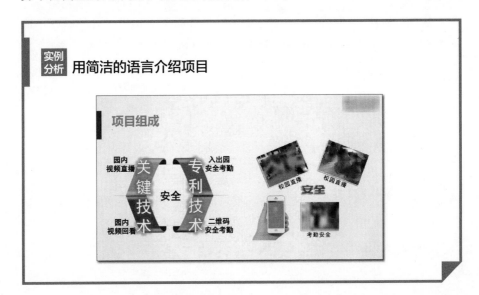

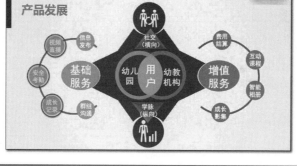

从展示的内容可以看出，该商业计划书用了 3 页 PPT 来介绍项目。通过图示的方式说明项目组成和产品发展，表达简洁又不影响传递内容。

在 PPT 商业计划书中介绍项目时，常会因为想要表达的内容太多而无法做到用简练的语言讲明项目。这种情况下要先厘清重点，只需要将最精华、最重要的部分体现出来即可。

（3）团队介绍

对于初创公司而言，团队介绍也是需要在 PPT 中凸显的内容。这部分内容可以根据具体情况安排在前面，也可以放在项目介绍的后面。团队介绍主要说明核心成员的岗位分工、专业、能力和从业背景等，可以在团队介绍中插入成员的照片，同时要注意排版设计，以保证美观。

（4）市场痛点

市场痛点是客户迫切期望满足的需求，市场痛点既可在市场分析中进行阐述，也可单独介绍，在内容上，要说明解决的是哪类用户的什么痛点。

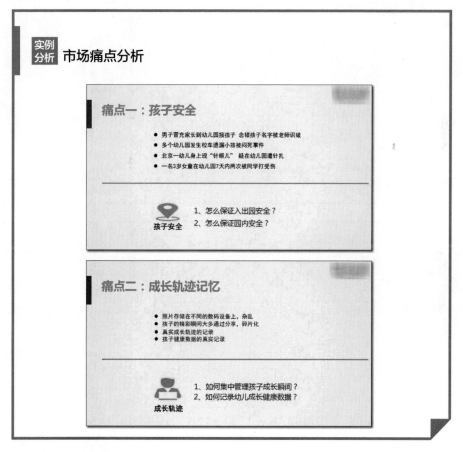

点评分析

上述范例说明了其产品能够解决家长的两大痛点，分别是孩子的安全问题和成长轨迹记忆，能够体现创业项目的机会所在。

（5）发展规划

发展规划用于说明项目的长期战略目标，即发展的路线和中长期目标，一般要阐述 1 ～ 3 年或 5 年内的发展规划。在 PPT 中阐述发展规划时，要注意规划的可行性。

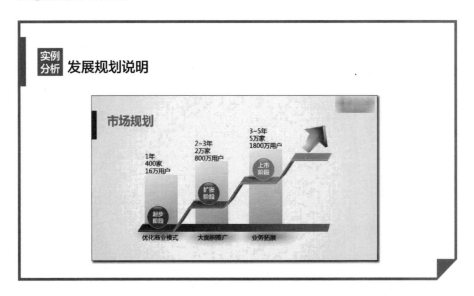

上述商业计划书以阶梯式图表来展示项目的市场规划，向投资人展现了创业项目的潜力和价值。

除以上内容外，竞争优势、业绩成果、盈利模式、解决方案也可以是 PPT 要凸显的重点。在制作 PPT 时要灵活变通，要点是逻辑清晰、重点前置、图文并茂、生动简约。

3.3.3　PPT 的排版技巧

PPT 版本的商业计划书应是视觉化的，图片与文字的合理排版是使视觉信息有效传递的关键。PPT 商业计划书可以分为封面页、过渡页、内容页和结束页，以下将讲述 PPT 商业计划书常用的排版方式和技巧。

（1）居中排版

封面页、过渡页、结束页都常采用居中排版方式，即将需要突出的内容放在整个版面的中轴线上。这样的排版方式左右对称、重心稳定，也能突出标题，因此，被称为轴心式排版，如图 3-34 所示为居中排版示例。

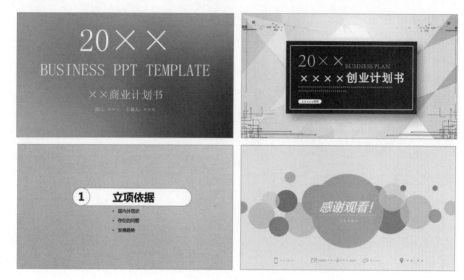

图 3-34　居中排版示例

（2）左右排版

左右排版在制作商业计划书的 PPT 时运用较多，即当页面中有多个视觉元素时，将这些视觉元素以左右布局的方式进行呈现。这种排版方式可以让版面看起来干净整洁，符合人们的阅读习惯，如图 3-35 所示为左右排版示例。

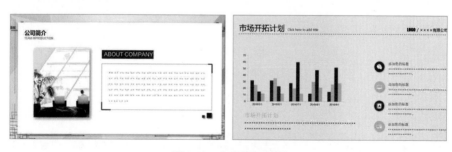

图 3-35　左右排版示例

（3）上下排版

上下排版是指将整个版面分割为上下两个部分，将视觉元素分别安排在两个版块中，常用的排版方式是上文下图和上图下文。在运用这种排版方式时，可根据内容需要来划分比例，如1∶1、2∶1等。上下排版方式能让版面看起来平衡且稳定，图文不会互相干扰，能清晰明了地传递信息，如图3-36所示为上下排版示例。

 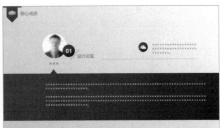

图 3-36　上下排版示例

（4）倾斜排版

居中排版、左右排版和上下排版均是较常规的排版方式，在运用时一般不容易出错，但如果通篇都采用常规排版方式，会让计划书较为死板，不够生动。在制作时适当地采用倾斜式排版方式，能让版面更具动感，如图3-37所示为倾斜排版示例。

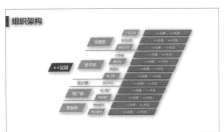 

图 3-37　倾斜排版示例

（5）并置排版

并置排版是指将大小相同的视觉元素按照一定的次序重复排列，这种排版方式能让版面更有秩序感和节奏感。在PPT中介绍团队成员、项目亮点等时，都可以采用这种排版方式，将多个要点内容并置排列，以得到整齐的版面，如图3-38所示为并置排版示例。

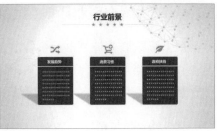

图 3-38 并置排版示例

（6）圆圈排版

圆圈排版是指将圆形或半圆形图示放在版面中心，将文字内容围绕其进行排版，这种排版方式适合要点较多的内容，如图 3-39 所示为圆圈排版示例。

图 3-39 圆圈排版示例

除以上排版方式外，PPT 版本商业计划书的排版方式还有很多，如棋盘式排版、散点式排版、全图式排版和异型排版等，制作时要根据内容需要来选择合适的排版方式，如图 3-40 所示为其他排版方式示例。

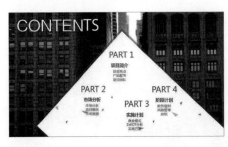

图 3-40 其他排版方式示例

3.3.4　PPT 版本商业计划书的细节美化

PPT 版本商业计划书不仅要注重内容，也要注重"颜值"，为了让商业计划书更简洁美观、可视性强，需要对 PPT 的细节进行美化，使整个商业计划书更具有吸引力，具体可从以下几方面进行美化。

（1）标题与正文

PPT 的导航标题、小标题以及正文同样是需要美化的，制作时可根据视觉呈现效果有针对性地调整，比如导航标题采用固定模块，让整体风格统一；调整正文间距，使其看起来更舒适；关键词标红，让其更突出等。如图 3-41 所示。

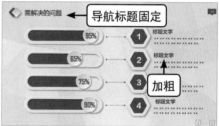

图 3-41　标题与正文美化示例

（2）丰富版面效果

如果 PPT 版面比较单调，可以适当加入一些图标进行装饰，以丰富版面效果，但要注意，选择的图标应与 PPT 的整体风格相搭配。另外，也可以选择具有象征意义的图标，既能丰富版面，又能与标题呼应，起到辅助联想的作用，如图 3-42 所示。

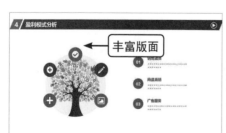

图 3-42　图标丰富画面效果

（3）图片

在商业计划书中使用图片要注意图片的大小、位置以及色彩，如果背景图片的色彩以及图案过于花哨，影响了内容展示，就有必要对背景图片进行调整，辅助性图片则要保证图文对应。

在 PPT 中插入多张图片时，要注意调整图片的尺寸，让图片排列整齐，不能混乱地重叠在一起。另外，选择的图片应是高清无水印的，如图 3-43 所示。

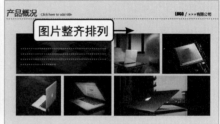

图 3-43　图片的使用和排版

（4）图版率

图版率是指图像占整个版面的比例，当版面中只有文字没有图像时，图版率就是 0%；当版面中只有图像没有文字时，图版率就是 100%。为了方便演讲和展示，商业计划书 PPT 的图版率至少要在 60% 以上，也就是说为了让商业计划书图文并茂，图版率不能过高，也不能太低。如果页面的文字比重过高，那么就要对图文进行优化，适当提高图版率。为文字添加图形底纹，用小的视觉元素对版面进行点缀，都可以提高图版率，如图 3-44 所示。

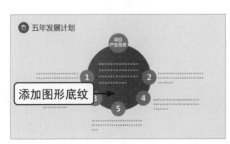

图 3-44　提高图版率

（5）留白

当 PPT 的内容过多时，会给人拥挤、狭窄的感觉，容易产生视觉疲劳，恰当的留白可以缓解页面的压迫感，同时能突出重点。商业计划书 PPT 中的留白没有固定的标准，一般来说，页面中只需呈现几个信息点即可，其他部分可以留白，PPT 留白有以下技巧。

◆ 增大页边距，使版面更清爽。

◆ 合理的使用段落与段落、行与行、字与字之间的微空白，提高阅读性。

◆ 不要让文字、文本框、图表、图片等填充满整个页面，要让视觉元素间有一定的间距。

◆ 选择背景图片时，应选用带有一定留白区域的图片，文字或图形可以安排在留白的位置，或者保留留白。

如图 3-45 所示为留白合理的商业计划书 PPT 示例。

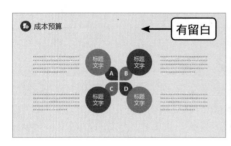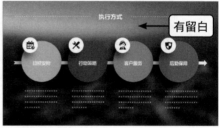

图 3-45　商业计划书 PPT 示例

扫码做习题　　　　　　　　　　扫码看答案

第4章　商业计划书的撰写起步

通过前面的内容我们已了解了商业计划书的必备要素和撰写细节。本章将从商业计划书的摘要、附录、公司简介和团队介绍入手，介绍这几个部分的撰写要点。

提纲式摘要的写作格式

描述式摘要的写作格式

附录的作用

附录的撰写要点

公司简介

扫码获取本章课件

4.1 让摘要明确点题

在 Word 版本的商业计划书中，摘要一般作为开头部分，是对后面内容的概括，浓缩了整份计划书的精华，好的摘要能够快速引起投资人对项目的兴趣。

4.1.1 提纲式摘要的写作格式

摘要的写作格式主要有两种：一是提纲式摘要；二是描述式摘要。这两种摘要在写作方式上有所不同，下面我们先来了解提纲式摘要的写作要点。

提纲式摘要的撰写相对简单，是将商业计划书的主要内容提纲挈领式地写出来。制作摘要一般可根据商业计划书的框架结构来提取提纲，然后再简明扼要地描述各部分内容。

从提纲式摘要的撰写方式可以看出，提纲式摘要涵盖了商业计划书的所有章节内容，写作难度虽不大，但是语言生硬干涩。有时为了精简篇幅，可将部分章节的内容合并，如下所示为某营养保健网站商业计划书摘要部分内容。

 实例分析 **商业计划书提纲式摘要**

我们的公司：

公司全称为 ×× 营养保健资讯公司，英文名 ××××，网站域名为 www.××××.com。×××× 是英文单词"××"和"××"的组合，直译为"××"，音译作"××"，取"××××"之意。

我们的服务：

我们主要的目标顾客群是营养健康有问题的网民（比如过度肥胖、营养不良、缺钙等）及其亲属朋友和学生网民。由于现实中提供营养保健咨询的机构主要为普通医疗机构，但这部分人群若非营养问题非常严重，通常不愿去普通医疗机构，所以网上专业营养保健网站就成为他们的首选。而目前国内专业营养健康保健网站尚是空白，所以本公司现在进入此市场是最佳切入时机。

本公司是以社区服务为主要依托，为用户进行全方位的营养健康保健信息咨询服务，同时提供针对学生的专题附加服务。在公司成立 2～3 年初步形成固定的顾客群体后再开始开展相关产品的在线销售。其中社区服务和网上实时咨询是我们网站的一大特色，详细情况见后文。

公司的组成和管理：

本公司设有董事会，董事会任命一名专业企业管理人士出任总裁，并在下属的营养健康、网络系统、财务及营销运作 4 个部门，各由一名相关专业人士负责，并随着公司的发展逐步吸纳相关领域的专业优秀人士加盟。

市场：

我们精心设计了问卷及调研方案，并在 ×× 市多个地点进行随机抽样调查，共发放问卷 450 份，收回有效问卷 374 份（调查结果详见附录）。分别有 21.1% 和 71.1% 的被调查者认为营养对健康是非常重要和必要的；有 10.8% 和 51.8% 的被调查者平时非常关心和关心营养搭配；认为家人有营养问题的有 21.7%，认为没有的有 54.22%，不知道的有 24.1%。但是由权威部门调查，成人中营养存在问题的超过了 20%，而在学生中更高达 30%～40%。这都说明人们虽然对营养健康很重视，但是由于相关知识不足，局限了人们对营养健康的认识。这时若我们的服务能满足人们对营养学知识的需要，将具有强大的生命力和广阔的市场。

根据 CNNIC 调查，截至 20×× 年 6 月 30 日，网民人数已经达到了 ×××× 万人，而且人数还在迅猛增长，这给了网上专业营养保健网站良好的市场前景。

营销策略：

我们将在公司成立初期，在各大网站做好广告宣传，把营养健康的观念传到千万家，让人们认识到营养健康的重要性，让人们关注营养，关注健康。

考虑到现在有营养不良情况的大多为青少年儿童，这类人群营养失衡较为严重，而这类人群的父母都愿意为其子女花钱，这将是一个不错的契机，我们将针对父母制定周密的广告策略。我们还将不失时机地在电台和电视台的营养健康栏目中对我们的网站进行全方位的宣传，提高网站的知名度。

送货方式：（开展网上销售服务后）

本地以送货上门方式为主，外地以邮寄托运为主。条件成熟时，可在顾客人群相对集中地区建立分销网络，在公司成立4～5年后，逐渐建立完善的全国销售网络。

财务分析：

××公司具有很强的盈利能力，根据我们的保守预测，××公司具有很好的盈利能力和较强的抗风险能力。

公司行动计划：

1～3月：收集相关资料，设计网页及数据库，广告营销。

4～6月：测试并完善网站各项功能，开始试运行，同时开始建立客户情报数据库。

7～12月：正式运行，针对前期情况的不足进行完善和充实，开始提供网站广告服务。

1～2年：稳定发展，开始提供企业及产品广告服务。

2～3年：设计及试运行相关产品的在线销售系统。

3～4年：完善在线销售系统，建立完善的销售送货网络。

远景发展：逐步成为国内以至国际知名的集营养信息咨询和营养健康保健品销售为一体的专业性网站。

风险投资的退出：

我们将以非常负责的态度对待我们的投资者，公司会把投资者在退出时得到尽可能大的投资收益放在重要的位置上。

上述商业计划书摘要为提纲式摘要，内容包括公司简介、产品服务、公司组成和管理、市场分析、营销策略、财务分析、行动计划和风险投资的退出 8 个方面。通过摘要，投资人能快速地了解商业计划书的概貌。

范例以小标题＋正文的方式来编排内容，这样的写作方式整齐严密，逻辑性强，同时能突出重点，创业者在撰写提纲式摘要时也可以采用这种方式。

提纲式摘要的内容可结合商业计划书的框架结构来安排，即可从公司介绍、团队介绍、行业及市场情况、项目介绍、营销策略、项目管理、融资说明、财务分析、风险控制、项目实施进度等方面来罗列纲目，且纲目标题可与正文章节标题不完全一致。

在内容的写作上应突出要点，即不能把商业计划书正文内容以摘抄的方式写进摘要中，应有总结和概括。

4.1.2　描述式摘要的写作格式

描述式摘要没有统一的格式，写作难度相对较大，写作方式是将商业计划书的内容以"讲故事"的方式叙述出来。描述式摘要通常更生动，更有吸引力，但要求撰写者有一定的文学功底，能简洁具体、条理清晰地对项目的重点内容进行表述。

糟糕的描述式摘要很容易让投资人失去投资意向，所以，创业者的商业计划书若采用描述式摘要，一定要重视内容的阐述，尽量以简洁、明确、易懂、精辟的语言来概括要点，呈现商业计划书的主要信息。

实例分析　商业计划书描述式摘要

前　言

在国内近几年迅速发展的各类强势产业中，生物工程产业是发展迅猛、获利颇为丰厚的产业之一。

......

摘　要

DNA（基因）芯片生产技术是国家高新技术产业化示范项目，也是该示范项目中国内第一个被列入的 DNA（基因）芯片项目。

××公司走"产学研"相结合的道路，是国内第一家取得 DNA（基因）芯片的生产许可证，以及医疗器械注册证的企业。

国内权威的研究机构作技术支持，××大学生命科学院、××××大学分子生物研究室。

科技部组织成果鉴定，国家药监局出具检测报告，为国内关于 DNA（基因）芯片产品的最优秀成果。

××DNA（基因）芯片是国内唯一被列入国家计生委出生缺陷干预工程、××健康工程的检测产品。

×××× 已在 ×× 国家级经济技术开发区按 GMP 标准建成 6000 平方米厂房。国内市场年需求量为 2000 万片以上，并且每年以 10% 的速度递增。

点评分析

上述商业计划书首先介绍了项目的背景，然后以摘要的形式简述了项目所具备的优势。从展示内容可以看出，摘要的内容并不多，但项目的资质、优秀成果、技术水平和市场需求等在摘要中都得到了体现。

本范例中的摘要主要是从竞争优势的角度出发，结合前言的背景介绍，让投资人相信项目具有发展前景。

描述式摘要应尽量以简明、精练、生动的语言进行阐述，不需要对项目进行详细分析，可以采用结论式阐述，即直接说明公司所处的行业/市场、主要产品和技术、目标客户、目标市场以及发展规划等。

不管是撰写描述式摘要还是提纲式摘要，行文都要流畅，逻辑清晰。在正式动笔前可先对投资人进行调查，了解投资人的偏好，然后有针对性地撰写摘要。虽然摘要是商业计划书的开篇，但摘要部分要放在最后完成，即完成商业计划书的正文后再撰写摘要，这样更容易提炼计划书的精华。写作完成后还要检查语句是否通顺、逻辑是否自洽、是否有错别字等。

4.2　附录中应展示什么

附录用于展示与商业计划书正文有关的数据表格、合同文书、参考资料等。附录并不是商业计划书所必须的，当需要在商业计划书中提供补充资料时才加入附录。

4.2.1　附录的作用

不是所有的商业计划书都有附录，附录主要具有以下作用。

◆ **提升完整性**：为了使商业计划书的正文内容言简意赅，避免内容过多过杂，需要将不便在正文中阐述的内容放在附录中，这时附录就具有提升商业计划书完整性的作用。

◆ **增加说服力**：与商业计划书正文有关的辅助证明材料也可放在附录中，此时附录就具有增强商业计划书说服力的作用。

◆ **补充说明**：附录部分能提供商业计划书所需的补充资料，因此，附录还具有补充说明的作用。

附录能够丰富正文内容，那么附录中可以放置哪些内容呢？在编写附录时不必将所有材料都放在附录中，应有所取舍。随意放置材料，无法发挥附录应有的作用，反而会让附录显得累赘。附录可以包含以下一些材料。

◆ **重要合同**：对商业计划书有重要作用的合同可放在附录中。

◆ **信誉证明**：如企业的资质证书、营业执照、信用等级证书和荣誉证书等。

◆ **图片资料**：如新产品、工厂和生产设备实拍图等。

◆ **团队成员履历**：核心成员的履历介绍，如个人基本情况和工作经历等。

◆ **宣传资料**：企业的相关宣传资料，如业务范围和业务特色等。

◆ **市场调查结果**：指对行业市场进行调查后得出的分析结果。

◆ **分支机构表**：企业若有分支机构，可在附录中展示分支机构表。

◆ **技术资料**：技术资料一般不便于在正文中展示，因此可以放在附录中。

4.2.2　附录的撰写要点

附录作为商业计划书的附属部分，应避免长篇大论，以下为某室内园林设计公司商业计划书的附录部分。

 ××室内园林设计公司商业计划书附录

第三部分 附录

一、主要团队成员名单及简历

胡××：男，人力资源管理专业本科生。思维缜密，富有开拓创新精神。具有战略眼光，喜欢具有挑战性的工作，面对困难乐观且坚韧，善于组织和协调团队人员的工作关系，具有良好的文字功底。

……

王××：女，园林专业硕士研究生，熟练掌握园林植物配置理论和应用形式。参与过的项目有：××××景观工程、北××××园林工程等。

二、调查问卷

客户调查表

您好，我们是××大学的学生，我们想对您在室内园林设计方面的想法做一个调查，请您用几分钟时间为我们填写一份调查问卷，谢谢！

1.您对健康环保的工作、生活环境是否看重？

A.很看重　　B.看重　　C.一般　　D.不看重

……

三、常见室内装饰植物名录

（略）

四、××部分写字楼调查表

（略）

五、室内园林样本图

（略）

××××室内园林设计有限责任公司项目推介书

【行业属性】园林规划设计

【项目选址】××××创业园

【项目内容】

一、项目背景

本项目是由××大学 4 名本科生和 3 名硕士研究生共同组建的一支创业团队。为了顺应"绿色环境、绿色文化"的社会理念和发展潮流，我们依托××××大学园林学院的专业优势，拟成立一家专业的室内园林设计公司。力求为我们的客户创造自然、健康、艺术三者结合的高品质生活环境，体现人与自然和谐相处的时代旋律。

……

项目负责人：×××

联系方式：××××××

E-mail:××××××@163.com

点评分析

本范例的商业计划书附录包含主要团队成员名单及简历、调查问卷、常见室内装饰植物名录、写字楼调查表、室内园林样本图和项目推介书，其中省略了部分内容，仅展示了大致的框架。从展示的内容可以看出，该附录具有很强的实用性，提供了正文所需的补充资料，能增强正文的说服力。

在附录中既可以将相关资料、图片直接展示出来，也可以仅分条陈列资料、图片、表格的题目，题目前为"附录＋编号"的形式，如下所示。

附录（以下附录文件原件备置于公司）

附录1："发明专利申请公布及进入实质审查程序通知书"

附录2：农业部20××年"×××"计划项目批复文件复印件

附录3："科技型中小企业技术创新基金"无偿资助项目合同

附录4：科研项目查新报告

附录5：科学技术成果鉴定证书

不管采用何种方式撰写附录，在撰写时，都要注意以下要点。

① 如果附录所包含的内容较多，则要分类整理资料文件，将相关联的内容放在一起，如按证书文件、合同文件和报告文件的方式分类整理并展示。

②附录的内容是与正文相关联的，与正文无关的内容不能放在附录中，附录中只需展示能起到补充说明作用的内容。

③附录的内容要精短实用，其内容不能比正文还多。

④ 如果附录中包含较多的附件，可将附录与正文分开，单独制作成附录文件。另外，大部分投资人在第一次阅读商业计划书时并不会阅读附录，可在投资人需要时再提供附录文件。

4.3　展示你的公司

商业计划书的目的在于推介和展示，如果能在开篇充分展示公司的价值，那么就能抓住投资人的目光。公司介绍部分，涵盖的内容非常广泛，但在具体写作时并不是所有的内容都需要单独写出来，可根据需要做详略安排，将一些内容融合。

4.3.1 公司简介

公司简介可让投资人对公司的基本情况有一个初步的了解，其内容应是高度概括的，力求用精练的语言介绍公司名称、成立时间、经营范围和管理理念等，不可使用冗长的文字去描述公司，在商业计划书中撰写公司简介应把握以下要点。

◆ **客观真实：**公司简介应客观真实，让投资人感到可信，否则只会影响公司形象，甚至让投资人认为是欺骗。

◆ **总体概括：**简介是对公司的总体概括，语句应尽量简短，简明扼要地介绍公司的成立时间、创始人、经营范围、公司优势和荣誉奖项等。

◆ **结构合理：**公司简介需要注意内容结构，开头部分可开门见山地介绍"我们是谁"，中间部分为"我们能做什么"，最后介绍"我们的优势是什么"。

以下是某乳业股份有限公司商业计划书中关于公司简介的内容。

 ×× 乳业股份有限公司商业计划书公司简介

第一章 公司基本情况

一、简介

×× 乳业股份有限公司，系经国家工商行政管理局核准，由 ×× 等自然人投资的股份有限公司，注册资本为 ××× 万元（人民币），投资总额 ××× 万元，资产过亿元，工厂占地面积 ××× 平方米，各类配套建筑 ××× 平方米。公司完全按照现代企业模式进行运作，建立了一整套现代企业管理机制，企业信用等级为 AA 级，企业财务状况良好。

本公司主要的经营范围包括：生产、销售免疫牛奶及其免疫食品；奶牛养殖；免疫食品技术开发与技术转让。公司自成立以来，一直从

事免疫牛奶的研发、生产，特别是抗病毒免疫牛奶、抗幽门螺旋杆菌免疫牛奶、补血免疫牛奶、改善青少年视力免疫牛奶等已成为公司主要经营项目，具有巨大的市场潜力。××乳业是全国独家生产免疫牛奶的高新技术企业，同时也是国家重点扶持企业。××乳业与中国科学院合作开发抗病毒免疫牛奶，该项目被列为国家级星火项目。

企业现有员工68人，平均年龄为32岁，其中博士2人，硕士4人，大专及以上学历25人，高级职称占12%，中级职称占43%。

××省是乳品加工和奶牛饲养的大省，占全国乳品生产量的23%以上。面对乳品行业的激烈竞争，××乳业的优势如下。

1. 免疫乳市场的独占。

2. 来自××45°地区的天然优质奶源。

3. 国际先进、国内领先的免疫奶技术。

4. 企业强大的品牌策划和市场洞察力，即"奶源行天下，科技雄天下，品牌打天下"。

××乳业以追求人类健康为己任，不断创新，追求卓越，向打造"中国功能乳品第一品牌"目标迈进。

上述范例的公司简介层次清晰、逻辑清楚、内容完整，按照我是谁→公司是做什么的→我们有什么优势的结构来撰写，让人阅读后能对公司有一个基本的了解。该商业计划书在开篇就通过简介点明公司的核心亮点，让人产生进一步了解的兴趣。本范例在最后说明了公司长远、宏大的发展愿景，能够让投资人看到企业的进取精神。

范例中运用了数字化语言，这是公司简介撰写的一个小技巧，用阿拉伯数字来表述一些数据信息，会更突出醒目。

公司简介不是将公司的相关内容简单拼凑或罗列，好的简介就如同一份简版"说明书"，虽然内容不多却能使投资人初步了解公司，增加对公司的信任度。公司简介一般可从以下方面进行撰写。

- ◆ **概况**：包括公司的名称、成立时间、注册资本和规模等。
- ◆ **主营业务**：介绍公司主要的产品或服务，包括产品功能、特色等。
- ◆ **发展状况**：说明公司发展所处的阶段、发展历程、主要成就和行业地位等，该部分应突出亮点。
- ◆ **企业文化**：指公司的战略目标、理念、宗旨和愿景等，企业文化简短说明即可，可从树立良好企业形象的角度来撰写。
- ◆ **主要优势**：通过优势来体现自身实力、展现品牌价值，可从营销网络、研发水平、售后服务和发展历史等方面来介绍主要优势。

在撰写公司简介时还有一些技巧可以运用，具体包括以下 3 点。

①开头第一句写明公司全称，让投资人留下印象。

②如果公司有一定的规模，那么可在前半部分体现公司的规模，规模大能让人产生信任感。

③可以用思维导图来理清公司简介撰写思路。

4.3.2　公司的定位与规划

对于初创公司来说，定位是企业发展必不可少的环节，通过定位可以了解消费者的核心需求，区隔竞争对手，为公司发展指明正确的方向。准确的定位能帮助公司打造差异化优势，比如很多人都熟悉淘宝、京东和拼多多，虽然三者都是网购平台，但其定位是不同的。

商业计划书由于篇幅有限，对公司定位通常只用一两句话阐述清楚即可，无须采用说明书式的介绍方式，重点内容可以放在对未来的规划上。对初创公司来说，可从以下方面来定位。

洞察产品 / 服务。从公司提供的产品或服务来定位，即明确公司能满足用户哪方面的需求，如出行服务、健康养老等。

洞察消费者。要做好定位需充分了解目标消费者，比如同样是家电产品，但面向的目标群体也可能不同，如都市白领女性、高收入阶层的家庭用户等。

洞察发展使命。公司应在创立之初就明确自身的发展使命和道路，发展使命和道路也决定了最终的品牌定位，如做一流的品牌设计公司，专注于敏感皮肤护理,这些定位也体现了品牌发展的大方向。

商业环境瞬息万变,创业者应让投资人看到,公司对未来的发展有明确的目标和行动规划,以下为某材料科技公司商业计划书中关于公司战略与三年规划的内容。

实例分析 **××材料科技公司商业计划书公司战略与三年规划**

五、公司战略与三年规划

最高目标:创建一流企业,持续贡献于社会。

企业宗旨:为先锋产品开发新材料。

行业定位:三年内立足新材料,并开始关注其他领域。

1. 三年目标规划

目标项目	20××年	20××年	20××年
销售额	3000万～5000万元	2亿～3亿元	4亿～5亿元
市场地位	传统产品继续在国内保持优势,在国际市场追求增长;电池材料争取国内第一的位置	传统产品在国内保持优势,外销达到国内销量的50%;电池材料在国内保持第一的地位	传统产品在国内保持优势,外销达到国内销量的100%,在国际上形成一定的影响力;电池材料在国内保持第一的地位
新产品	包括一种全新概念的小型锂电用正极材料,以及一种动力电池材料	进入新行业的产品完成小试开发,新的主打产品进入量产开发阶段	约两种新产品完成量产
企业文化	争取让大多数员工认同公司的基本理念	员工完全认同公司理念	企业文化足以令员工感到骄傲
国际化	外销产品	境外设置销售机构	到国外建分公司

2. 产品研发方向

×××会把目前的产品做大、做强后，再考虑进入其他领域。开展新业务采取相关延伸战略（产品、市场、技术相关），减少扩张成本，发挥竞争优势。×××在未来几年内继续加大在技术、研发上的投入，主要的研发方向为：

1. 钴酸锂本身还有很强的生命力，扩容速度很快，使钴酸锂性能更加优越、生产技术更加稳定，在20××年会有相当精力投入制备技术、设备改造。

2. 实现氧化铋与氧化钴产品的系列化。

3. 小型电池的正极材料是优先的研究方向：安全性、高容量（镍钴酸锂）、高密度、长寿命，并推出系列产品。

4. 动力电池材料方向：锰酸锂（近期可能性大）、磷酸铁锂（目前技术不过关，但更有优势），都要开展研究，进行比较。

5. 开展电池技术的研究：小型电池，动力电池。拟成立"电池技术研究部"。

6. 其他与电池相关的材料：负极球状石墨粉（考虑OEM），铝锂合金铝硅合金，金属硫化物材料，非晶态锡氧化物，电解液中的防爆添加。

点评分析

范例以时间表格来阐述公司未来三年的目标规划，清晰直观地为公司未来的发展给出方向。对未来的规划一般着眼于3～5年，本范例是3年。结合3年的目标规划，范例还阐述了产品研发的方向，这相当于为实现长期目标而做的行动规划，明确了未来的工作重点。

公司的定位和规划为未来的发展提供了方向性的指导，在商业计划书中阐述未来规划时，可以从以下内容入手。

◆ **公司现状：** 公司目前的现状会对公司未来的规划产生影响，因此，可以先分析公司现状。

◆ **公司目标**：公司的发展目标可从财务目标入手，即对未来的营收做一个合理的规划，比如本案例中的销售额。此外，还可从企业管理、规模扩张、市场地位、产品研发和员工发展等方面阐述发展目标。

◆ **行动方针**：仅有目标没有行动方针很难让人相信这一目标能够实现，明确未来的发展路径后，还要有切实可行的行动方针。

在 Word 版本的商业计划书中，发展规划可用表格进行呈现，也可采用文本形式。采用文本形式进行阐述时，可分点罗列，如"目标一、目标二、目标三""（1）、（2）、（3）"，避免使用大段文字论述。

在 PPT 版商业计划书中，发展规划采用表格或递进式、时间轴、阶梯式图示更为实用、恰当，如图 4-1 所示。

图 4-1　用时间轴图示展示发展规划

4.3.3　公司发展历程与成绩

在商业计划书中向投资人展示自身发展历程和成绩，能让投资人对公司的奋斗历史、经营理念和发展前景有简单的了解。每个公司都有自己独特的发展历程，在阐述时可采用时间轴式的叙述方法，即按照时间先后顺序介绍公司从创立、扩张到整合等阶段的发展历史，在介绍时主要反映公司在发展过程中的重大转折和变革，如以下写作方式。

2016 年——公司创立

2018 年——筹建新厂，迁址到 ×××

2019 年——取得 ××× 专利

2020 年——实现研发、生产、销售全环节管控

2022 年——××× 平台上线

公司所取得的相关成绩可在发展历程中进行介绍，也可使用小标题单独列示出来，以下为某食品有限公司商业计划书中关于发展历程的内容。

实例分析 **×× 食品有限公司商业计划书公司沿革**

二、公司沿革

××××食品有限公司目前是国内著名的食品生产及销售企业。公司始建于 1994 年，原名为 ×××× 食品公司；1998 年公司自置物业，即现在的 ×× 大厦；2002 年公司更名为 ×××× 有限公司。

1. 专业认证

年份	认证
1999	×× 发明专利证书（×××× 号）
1999	×× 食品药物管理局证书（FDA）
1999	国际质量体系证书（ISO9002）
2003	食品安全重点控制证书（HACCP）

2. 历年荣誉

年份	荣誉
1997	中国名优产品
1997	协作城市产品质量互认证书

1997	中国食品博览会金奖
1998	国际食品博览会金奖
1998	中国月饼节质量互认证书
2000	全国"××杯"焙烤技术比赛"唯一指定产品"
2000	中国月饼节名牌月饼
2001	中国月饼节名牌月饼
2001	食品卫生先进单位
2002	放心月饼金牌企业
2002	中国月饼节名牌月饼
2003	国家"月饼类糕点通用技术要求"标准起草人
2004	食品先进企业、食品安全示范企业

点评分析

上述范例从专业认证和历年荣誉两方面来介绍公司的历史发展沿革，以表格的形式来展示，清晰直观易于阅读。上例从公司成立时开始叙述，按照年份先后顺序罗列，能让人看到公司在发展过程中取得的成绩，从而突出公司的竞争力。

在商业计划书中可以围绕公司的建立、新产品开发、企业大事记等方面介绍自身发展历程。撰写时要注意两点：真实性和准确性，即内容必须真实、准确，不能虚构或夸大。

在商业计划书PPT中介绍公司历史进程和成绩时，同样可采用时间轴的形式。在展示时，一般采用水平时间轴图示，以水平的方式从左至右依序梳理发生时间和对应的事件，每个时间节点对应一个或多个事件，如图4-2所示为某商业计划书PPT中关于发展历程的介绍。

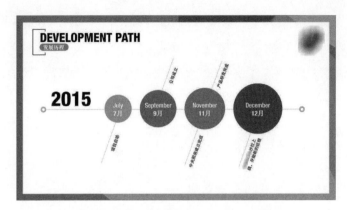

图 4-2　用水平时间轴图示展示发展历程

4.4　一个合格的团队介绍

对处于萌芽期的项目或者初创企业来说，由于公司还未成立或者刚成立不久，所以在计划书中无法完整地展示公司的具体情况，这时对团队的介绍就异常重要，很多投资人在阅读商业计划书时，也会特别注重团队介绍部分。

4.4.1　创始人和领导层介绍

项目的创始团队能否支撑起项目的发展是投资人比较看重的，在商业计划书中介绍创始团队时，主要从核心团队成员的姓名、学历、工作经历以及行业资源等方面进行介绍，要突出团队成员相关项目的经历和经验，让投资人认为团队成员是可靠的。

如果团队优势特别明显，那么在商业计划书中可将团队成员放在前面展示；反之，如果创始团队相对较弱，则可放在后面介绍。在介绍创业早期团队时，要注意以下几点。

- ◆ 重点在于展示团队的优势，一般展示 2 ～ 8 位核心成员即可。

- ◆ 在介绍成员的工作经历、行业资源等时，应重点展示与项目相关的重要经历或资源。

◆ 在商业计划书中可以展示团队成员的照片，为了凸显团队的专业性，最好选择商务场合的照片。

如下所示为某新媒体项目商业计划书中关于团队及管理组织的介绍。

 ××新媒体项目商业计划书团队及管理组织

第四部分　团队及管理组织

一、团队简介：

王××：公司负责人和法人代表。××大学车辆工程专业毕业，大学在读期间曾创办过报纸以及三期暑期培训班。

20××年在××公司担任客户经理，积累了广告方面的经验。

20××年大四下学期时创立××教育网站并担任总经理。

20××年在××集团先后从事技术和管理岗位，担任总调度，协调组织公司内外20多个分公司以及厂内上千人的工作。

20××年曾经兼职做过××报的记者。

20××年5月辞职创立××媒体。

特点是：有创业的经验、激情以及耐心，对网络和广告行业有较深的认识，因在大型集团工作过而积累了丰富的管理经验。经营策划和成本控制能力较强，对未来的趋势把握比较准。

目前负责公司整个的战略规划以及管理。

张××：公司技术负责人以及股东。××理工学院毕业，在校期间获得××省第十二届电脑大赛一等奖。

20××年到20××年5月就职于××××管理顾问有限公司任信息技术专员一职，负责该公司信息系统建设工作。其间，参与该公司办公OA系统、CRM客户关系管理系统的设计和开发工作。

20××年到20××年12月在××国际管理技术咨询有限公司任信息技术总监一职，负责维护和建设该公司信息系统，并负责信息

技术部门团队组建。其间，带领团队完成大型人才网站"××××人才网"、软件产品"人力资源管理系统"等项目的开发工作。

20×× 年 8 月，组织团队创建基于 web2.0 理念的个人知识管理网站"××××.net"。负责该项目团队组建及网站系统总架构工作。至 10 月，网站两次改版，网站在业界获得一定关注，alexa 排名升至 10w 以内，并获得知名投资基金 ××× 的关注。

目前负责公司技术团队组建、产品开发、系统架构等工作。

二、组织架构：

（略）

点评分析

上述范例在介绍团队时，主要介绍了团队中在项目经营中起关键性作用的成员，包括公司负责人和技术负责人。两位负责人在团队中承担的职责是不同的，一位负责公司整个的战略规划以及管理；另一位负责公司技术团队组建、产品开发和系统架构等工作，这表明团队对于成员的角色定位很明确。

在描述个人经历时，采用的是时间顺序这种排序方式，该方式是介绍成员个人经历时常用的，能让内容更具条理性，也能清晰地展示成员的专长。

在商业计划书中介绍团队成员时，篇幅通常为 1 ～ 2 页。在描述个人经历时，注明时间可让个人经历更真实具体。阐述时不要采用流水账式的写法，应该挑选对项目有利的重点经历。

团队成员会有多项专长，但在商业计划书中只需突出与项目相关的一两项核心专长即可。对于商业计划书 PPT 来说，团队成员介绍的整体效果应是简洁美观的，在排版设计上不必过于复杂，可采用横列式、纵列式等排版方式，如图 4-3 所示为某商业计划书 PPT 中关于项目发起人的介绍。

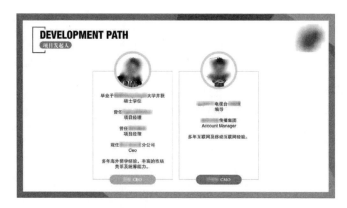

图 4-3　项目发起人介绍

4.4.2　团队的职能结构

团队的职能结构体现了成员的分工，科学合理的分工能够提高团队管理的效率。在商业计划书中，要让投资人看到团队成员负责与其专长相对应的工作内容，团队成员间能够优势互补，发挥协同效应。良好的团队结构应满足以下几点。

能力互补。能力互补是指团队的核心成员都有突出的特殊才能，且各不相同，成员间能够通过相互合作实现优势互补，这是构建强大团队的基本前提之一，即团队中有人懂管理、有人懂技术、有人懂业务。

目标认同。团队成员应该一致认同团队奋斗目标，这样才能保证行动方向一致。在组建团队之初应了解成员是否坚信共同的工作目标，如果成员不认同团队目标，即使再优秀，也不能将其吸纳进团队核心层中。

效率化。处于初创期的公司，为了便于团队的管理和运作，团队的结构应尽可能简单，这样团队的运行效率会更高。

动态化。团队的结构不会一成不变，从公司的创建到成长再到发展的过程中，可能有成员加入或者退出，团队应保持动态化，以吸纳优秀人才加入团队。

职能分配是团队组建之初需要考虑的，为了保证团队能够顺利完成各项任务，应分配好各成员的职责与权力。创业团队基本的职能配置应包括领导者、策划者、财务和营销。如下所示为某玩具公司商业计划书中关于团队管理的内容。

实例分析 ×× 玩具公司商业计划书团队管理

第五章　团队管理

5.1　组织结构

5.1.1　第一阶段

公司初创阶段由 3 位成员每人出资 ×× 万元，寻求风险投资商的投资 ×× 万元，以资产抵押的形式贷款 ×× 万元，共 ×× 万元作为初期资本。由 3 人分别担任公司不同部门经理与最初董事会成员，组建公司。

经理人员与职能介绍：各部门实行分管而治，每个人的职能都受到一定的限制，但在自己的分管范围内作出决策时，不应受到太大的限制。

陈 ××：职务 总经理

职能：负责协调各副总经理的工作，并分管办公室与人力资源部。

介绍：经济管理学院学士毕业，为人沉稳，善于交际。喜好研究管理方面的论著，天生具有领导才能，能够组织团队在艰苦的环境下工作。

周 ××：职务 副总经理

职能：负责管理技术方面的工作，并分管技术网络部和财务部。

介绍：经济管理学院学士毕业，为人做事一丝不苟，产品技术研发一定能够获得可喜的成绩。

田 ××：职务 副总经理

职能：负责营销策划部和经营部。

介绍：经济管理学院学士毕业，喜欢捕捉身边的商机，在营销上有所成就。

我们设计了职能制的组织结构形式。职能制组织设计的最大优点是明确性和高度稳定性，而在创业初期企业最需要的就是简明的组织方式，如下图所示。

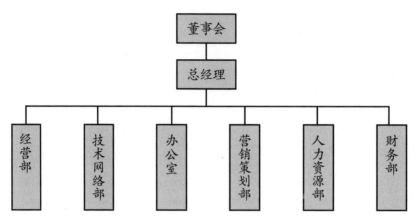

5.1.2　第二阶段

此时公司的规模逐渐扩大，公司增加了监事会、研发部门，经营部变为分支办事机构，结构图如下所示。

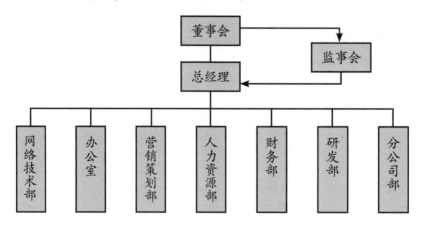

5.1.3　第三阶段

企业扩展，公司纵向一体化结构趋于成熟，公司的发展规模变大，开始根据地区成立分公司，外办事处向中国东部与北部辐射，形成各地区分公司，此时公司进行流程再造，使公司的组织结构更具柔性，公司的组织结构在原来职能制的基础上，采用分公司制的组织结构。

结构图（略）

注：第三阶段公司的组织结构设计中，总部的营销策划部与分公司的营销策划部职能有所区别。前者致力于公司营销战略的制定，后者致力于地区市场与产品开发。

5.2　部门职能描述

5.2.1　网络技术服务部

（1）数据库管理人员

● 接收电子商店及各地供货商所传递的数据。

● 整理电子商店及各地供货商所传递的数据。

● 资料备份。

（2）网页设计人员

● 网页程序设计。

● 网页数据更新。

● 网页维护。

5.2.2　市场研究部门

......

5.2.3　营销策划部

......

点评分析

从上述范例可以看到，在创业初期，公司就为团队的职能结构做了明确划分，创业团队具备基本的岗位配置。此外，公司还考虑到团队结构的动态变化，明确了3个不同阶段团队的调整情况。这能让投资人看到，创始团队对于公司职权有科学合理的分配，对公司的成长发展有明确的规划。

上述范例以图示的方式展示团队组织结构，直观地显示了公司的职能划分，也展现了组织间团队成员的关系。创业者在商业计划书中撰写团队职能结构时也可采用图示的展示方式，该展示方式比纯文本更有效。另外，上述范例也对部门职能进行了简单的描述，每个职能部门责任分明，体现了分工的合理性，成员间的互补性。

在商业计划书中，投资人都希望看到一支分工合理、协作互补的管理团队。但具体采用哪种团队结构与企业所处的阶段、业务模式等有关。创业者应根据企业类型、经营特点来选择合适的团队组织结构，如直线制、职能制、矩阵制和事业部制等形式，这几种组织结构都可以在商业计划书中用图示进行呈现。另外，也可以采用表格和饼图的方式来展示团队成员结构和各类人员比例，如图4-4所示。

成员类别	人数	比例（%）
技术开发	5	13.5%
管　理	6	16.2%
销　售	9	24.3%
生　产	17	45.9%
合　计	37	100

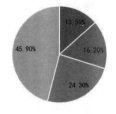

图 4-4　用表格和饼图展示团队成员结构和各类人员比例

对于初创团队来说，要做到管理层级少、结构简单，这样可增强团队灵活性，便于应对可能发生的各种变化。

4.4.3　团队成员持股情况

股权是影响创业企业控制权的一大因素，也关系着企业发展的稳定性，不合理的股权结构可能带来以下影响。

◆ 股东间发生利益之争或者因经营决策问题产生分歧时，无法形成有效的股东会议决议。

◆ 股东间持股比例不清，控制权与利益索取权失衡。

◆ 股东间争夺控制权，给公司发展带来不利影响。

◆ 股东形成僵局，可能导致公司破产、解散。

股权结构也会影响公司的融资，在设计股权结构时应考虑到有投资人参与的股权分配，另外，为了吸引和留住优秀人才，也有必要预留一部分期权池。在设计股权结构时，应考虑如图 4-5 所示的 4 个维度。

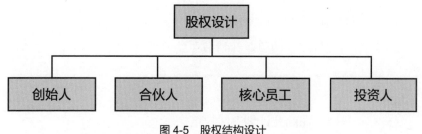

图 4-5　股权结构设计

作为创始人应掌握企业的控制权，所以，在股权设计中创始人应拥有较大比例的股权。合伙人一般是创始人寻找的合作伙伴，通常也是企业的联合创始人，通常能为公司提供技术、资源或者资金支持，作为合伙人自然要拥有一部分股权，但是占比不能比创始人高。

在企业需要融资时，就会有投资人加入，这时投资人也会要求获得股权，为了保证创始人的话语权，投资人的股权占比最好要小于公司创始人。优秀人才对于企业的发展是极为重要的，所以预留一部分股权用于人才激励是有必要的。

如果创业团队没有预留期权池，投资人在加入创业企业时，为了避免股权被稀释，一般也会要求团队在资金进入前预留一部分期权池，如 10% ～ 15%。初创企业在设计股权结构时应注意避免均分股权，即按照 50%∶50%、30%∶30%∶30%、25%∶25%∶25%∶25% 的比例来分配股权，这样的股权结构是很不稳定的，极易产生控制权之争。

创业初期，股权分配应保证核心创始人对企业的控制权，同时要为未来股权稀释留有余地，即创始人的股权占比要最高。以 3 人创业团队为例，比较合理的股权结构是 5∶3∶2。

在具体分配股权时，合伙人的出资金额、是否为项目发起人、提供的资源等都会影响股权的分配。团队应科学评估每位成员在初创过程的创业贡献，设计有梯次的股权结构。最终体现在商业计划书中的股权结构应具有以下特点。

◆ 团队成员的持股比例情况是公平合理的。

◆ 每个人的股权占比与其对企业的贡献值有关。

◆ 通过股权比例可以看出团队中的核心。

◆ 创业团队掌握着企业的控制权。

如下所示为某科技公司商业计划书中关于股权结构的内容。

 ××科技公司商业计划书股权结构表

1. 公司产权

公司为有限责任公司，股东构成主要为企业法人股东（××有限公司）和自然人股东。出资方式主要有货币资金、实物资产和非专利技术。

股权结构表：

姓名或名称	出资额	出资方式
××公司	10.00 万元	货币
马××	258.60 万元	非专利技术 233.5 万元，实物 25.1 万元
张××	80.00 万元	非专利技术 80 万元
李××	21.60 万元	非专利技术 21.6 万元
钱××	18.90 万元	实物 4 万元，非专利技术 14.9 万元
曾××	10.90 万元	实物 10.9 万元

2. 公司主要人员简介

马××：创始人、董事长兼总经理、公司法人代表，男，51 岁。19×× 年　××大学化工机械专业毕业。

……

上述范例以表格的形式展示了公司的股权结构，可以看到各股东的出资额和出资方式，有货币出资、实物出资和非专利技术出资。

上述范例没有展示各股东所占的股权比例，在撰写商业计划书时，可以对股权的结构比例进行说明，使公司的股权结构情况更清晰，如表 4-1 所示。

表 4-1　股权结构表示例

序号	股东名称	股东性质	出资方式	出资额（万元）	股权数（万元）	股权比例（％）
1	×× 企业	企业法人股	货币	2000	2000	33.33
2	翟 ××	自然人股	权益	2485.38	2485.38	41.42
3	马 ××	自然人股	权益 / 货币	1.74/302.88	304.62	5.09
4	梁 ××	自然人股	货币	600	600	10.00
5	吴 ××	自然人股	货币	600	600	10.00
6	杨 ××	自然人股	权益 / 货币	0.75/4.25	5	0.08
7	张 ××	自然人股	权益 / 货币	0.75/4.25	5	0.08
合计		-	-	6000	6000	100

结合表格内容，还可以对股权结构做进一步说明，告诉投资人这样的股权结构有哪些优点，如以下范例内容。

公司共有 7 位股东（其中有 1 位法人和 6 位自然人），股本结构中，法人股占三分之一，自然人股占三分之二。较为集中的股本和股东人数有利于公司快速、灵活地制定重大决策，并予以有效贯彻。

除了使用表格的展示方式外，在商业计划书中还可用图示、饼图的方式来展示股权结构。在商业计划书 PPT 中说明股权结构时，一般也采用表格或图示两种展示方式。如图 4-6 所示为某商业计划书 PPT 中关于股权架构的内容，图中两份商业计划书分别以图示和饼图的方式来展示股权架构，右侧都用文字进行了说明，阅读起来清晰直观。

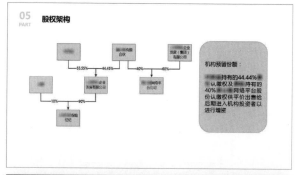

图 4-6　商业计划书 PPT 中关于股权架构的内容

扫码做习题

扫码看答案

第 5 章　商业计划书的核心环节

每个创业项目都要依靠所销售的产品和服务来获取利润，因此，产品和服务是商业计划书中必不可少的内容，也是要花较多篇幅去介绍的内容。投资人在对商业计划书进行评估时也想了解项目的产品和服务是什么，有什么特点，如何为客户创造价值。

产品和服务的主要内容
产品和服务优势分析
产品与服务功能介绍
产品与服务特点介绍
产品与服务核心技术介绍

扫码获取本章课件

5.1 项目产品和服务的具体分析

产品和服务介绍是在告诉投资人我们是做什么的以及怎样做的。如果产品和服务介绍不准确，就无法体现出项目所具有的价值和潜力，也难以吸引投资人。

5.1.1 产品和服务的主要内容

在商业计划书中介绍产品和服务时，可从以下问题来思考。

◆ 你的目标群体是谁？

◆ 产品或服务能够满足客户哪些需求？

◆ 产品和服务目前的设计和开发是怎样的？

◆ 产品和服务的市场前景怎样？

◆ 产品和服务的功能或功效是什么？

◆ 产品和服务的技术水平如何？

◆ 产品和服务的知识产权情况？

◆ 产品下一步的研发计划？

◆ 特殊行业的产品和服务是否拥有许可证或相关资质？

产品和服务介绍部分只需介绍公司提供的主要产品或服务即可，在描述时尽量使用通俗易懂的语言。

产品和服务部分易介绍得过于专业，在编写商业计划书时需要特别注意，应尽量站在非专业人士的角度去撰写，避免过多技术细节的阐述，只需用通俗的语言介绍产品或服务是什么、有哪些功能特点、竞争优势即可。为便于读者理解产品和服务的运行逻辑与原理，有时需要展示产品图片，或者用图示来做说明，如果图片和图示内容较多，则可将其放在附录中。

创业项目所提供的可能是有形的物品，也可能是无形的服务，或者是有形产品＋无形服务的组合。在撰写前应结合产品和服务的类型明确侧重点，以下为某保健食品商业计划书关于产品与服务介绍的内容。

实例分析 ××保健食品商业计划书产品与服务介绍

第三章　产品与服务

3.1　产品介绍

　　"×××"是我们公司深入研究了白领阶层在工作和生活中的身体健康问题之后，专门为其打造的一款保健食品。产品采用××××优质的葛仙米为主要原料，辅以高养生价值的甜黄精、刺梨。葛仙米又名天仙米、天仙菜等，具有固氮能力，含有人体必需的多种氨基酸及多糖等活性物质，具有抗衰老、抗感染等功效。甜黄精又名老虎姜，具有补气养阴、益肾的功效，也可用于治疗脾胃虚弱、体倦乏力等症状。刺梨含有丰富的 VC、VP 和 SOD，具有抗衰老和抗应激性的功效，能够增强机体对传染源的抵抗力。基于此，我们将产品的核心诉求点打造为"培元固本，强精力，抗衰老"，产品的核心功效确定为"改善睡眠，抗疲劳，增强免疫力"。另外，产品的食用方法比较多样，可以直接食用，也可以用水冲泡，还可以做蘸料涂抹在食物上，食用方式简单而便捷。

3.2　产品组合

　　根据市场调查结果，白领可支配收入比较充足，对产品的需求和用途更加多样化，针对此种消费特征，我们公司特别推出了普通包装和精品包装两种包装形式的产品。

1.普通包装

　　主要针对的是白领日常食用，注重更加便捷和经济实惠，没有太多的包装要求，其产品规格如下：

250ml×1 瓶 ×1 盒　共计 250ml

2.精品包装

　　主要针对的是白领在传统佳节或其他重要场景将保健食品作为赠礼送给亲戚朋友和长辈领导。精品包装有两种包装设计，都分为一瓶装、两瓶装和三瓶装，为消费者提供多种选择。其产品规格如下：

精品铜罐装：

250ml×1 罐　共计 250ml

250ml×2 罐　共计 500ml

250ml×3 罐　共计 750ml

精品盒装：

250ml×1 瓶 ×1 盒　共计 250ml

250ml×2 瓶 ×1 盒　共计 500ml

250ml×3 瓶 ×1 盒　共计 750ml

3.3　产品包装

1. 普通包装

瓶身采用玻璃材质，并选用六边形的形态设计，主要是出于美观的考虑。瓶身上附有特制水墨画的贴纸，并标有品牌名称、logo、产品名称以及净含量标识。瓶盖采用熟铁材质，经加工做成了截面略小于瓶身的圆形。外盒采用白卡纸材质，盒子上印有和瓶身上一样内容标识的图案文字，盒身打开或关闭方式采用推拉设计。具体包装效果如下：

普通包装图（略）

2. 精品包装

为了让精品包装外观有更特别的地方，我们专门设计了铜质的罐装，质感相比于普通包装有明显提升。罐身上印有品牌 logo、名称以及精致的山水画，同时借助专业技术将产品名称印刻在罐身上面。具体包装效果如下：

精品铜罐装图（略）

3. 精品盒装

为了与普通装区别，也为了赋予包装更多的价值，我们将瓶子和纸盒包装都做了更加精细的加工。瓶身形状、瓶盖样式以及瓶身瓶盖比例都做了特别设计，瓶子的材质也特地选用了 PPSU（聚亚苯基砜）。另外，瓶身和盒子上的背景图案做成了简约的山间自然画，寓意着"原生态"。具体包装效果如下：

精品盒装图（略）

上述范例主要从产品介绍、产品组合和产品包装3个方面来介绍产品。从展示内容可以看出，该产品是一款保健食品，面对的客户群体是都市白领，产品具有改善睡眠、抗疲劳、增强免疫力的功效。

结合目标消费群体公司推出了不同的产品组合，为使阅读者更直观地了解产品的包装设计，采用了图文搭配的方式进行展示。图文搭配是产品与服务部分常用的表达手法，以图片进行辅助说明可加强理解。

整体来看，该部分内容简洁易懂，没有追求大而全，而是围绕产品的某一点进行重点介绍，没有夸张的描述，更多的是体现项目的落地性，能让投资人快速了解产品的定位以及设计方案。

在实际写作时，关于产品和服务的部分，通常可从以下方面来撰写。

- ◆ **主要产品和服务**：公司若提供多个产品和服务，在商业计划书中只需介绍主要的产品和服务即可，包括产品和服务的名称、性能、功效以及特色等。

- ◆ **产品的研究和开发**：对于产品研发类项目来说，产品或服务会涉及研究和开发的过程，此类商业计划书，产品的研究和开发就是一个重要内容，要在商业计划书中说明产品的工艺水平、核心技术、研发方案等。

- ◆ **产品的知识产权**：产品在知识产权方面若具备优势，那就可以将这一优势作为亮点进行介绍，说明产品或服务在市场中是独一无二的，理由是我们拥有专利技术，能够快速进入市场。

- ◆ **产品的市场前景和竞争力**：该部分内容既可以在产品和服务中介

绍，也可以放在市场分析内容中，主要介绍产品和服务具备哪些核心竞争力。

◆ **产品的生命周期**：产品进入市场后也会经历导入、成长、成熟、衰退的生命周期，产品所处的阶段会影响产品营销策略，如商标、品牌、包装等，在商业计划书中介绍产品和服务时，也需要借助生命周期理论来说明产品的市场竞争程度，以及为什么采用这样的样式、商标和包装。

◆ **生产、储运和包装**：有的产品对生产、储运和包装有较高的要求，对于此类产品应介绍产品的生产线、储运服务和包装等内容。

除以上内容外，还可从产品的优缺点、售后服务、行业标准水平等方面进行介绍。在具体撰写时应结合产品和服务的特性来突出核心亮点，不必追求大而全，而是对其中一两个方面进行介绍，如有形的物品可从产品的技术、竞争优势、质量性能等方面阐述；无形的服务可从服务流程、平台设计、功能特征等方面进行阐述。

如图 5-1 所示为某预制菜商业计划书 PPT 中关于产品介绍的内容，该计划书主要从产品线、用户需求和发展规划 3 个方面来介绍产品。

图 5-1　某预制菜商业计划书 PPT 中关于产品介绍的内容

5.1.2　产品和服务优势分析

产品和服务所具备的优势是项目的重要卖点，可以在商业计划书中单独进行展示。这部分内容可以告诉投资人：面对市场中众多的同类产品和服务，消费者为什么会选择我们？对创业公司来说，如果产品和服务没有竞争优势，将很难在市场中存活。如下所示为某软件公司商业计划书中关于产品优势的内容。

 ××软件公司商业计划书产品优势内容

第二节 公司产品及市场分析

一、产品及优势

1. 产品

公司立足交通领域，以推动和加快交通行业信息化建设，为交通运输管理部门、运输企业、运输市场提供一流的应用软件及信息化全面解决方案为使命。

......

2. 产品优势

技术先进：基于广域网和大型分布式数据库技术，符合当今信息技术发展主流和大规模应用的实际需求。

前瞻性：公司产品的开发充分考虑交通业和信息技术的发展趋势，以确保产品技术的前瞻性。

功能实用：实现客户内部信息共享，协同业务办理，业务涵盖面广。

通用性强：公司产品面向交通业务，具有很强的可复制性。

查询方便：对每种信息，系统提供多个视图来表现，可从不同的角度进行查询，方便对信息进行综合和分析。

运行可靠：运用大型数据库的事物处理机制，保证了数据的一致性，从而使系统运行安全可靠。

标准规范：公司产品的开发严格遵守《××××信息系统信息指标体系与编码规则》。

时效性：与办公自动化无缝链接，保证了数据信息传递的时效性。

从节选的内容来看，该商业计划书从技术、功能、运行等方面分析了产品所具有的优势。并在分析时结合了对客户非常重要的优势特征，如实用性和可靠性。

创业者在商业计划书中介绍产品和服务的优势时，应从客户的角度出发，结合客户需求找出产品优势。但在介绍时应客观，不能过分夸大产品优势。

在商业计划书中可以从以下几方面来分析产品和服务的优势。

功能优势。功能是产品所具有的特定职能，产品的功能与客户的核心需求密切相关，产品在功能上的差异往往就是其优势，这种优势主要体现在使用功能和审美功能。

技术优势。很多产品和服务在技术上都有其独特的优势，如果产品在技术方面领先，或者产品的生产采用了某一核心技术，那么该核心技术也可以作为优势展示给投资人，从而促使他们投资。

系列优势。系列齐全、款式多样也是产品一个很重要的优势，丰富的产品线能够满足不同客户的需求，让消费者有更多的选择。

品牌优势。品牌是指消费者对某类产品及产品系列的认知程度，品牌知名度越高，越容易让消费者信任，从而实现销售。

价格优势。一般来说，在同类产品中，价格越低越具有竞争力，价格也可以成为产品的一大优势。

特殊优势。除以上优势外，产品在质量、设计等方面也可能具备独特的优势，这些优势常常会让人眼前一亮。

产品和服务不同，优势也会不同，在撰写商业计划书时要具体产品具体分析。如图 5-2 所示为某婚恋平台商业计划书 PPT 中关于产品优势的介绍内容。

从图 5-2 中的内容可以看出，该商业计划书主要从功能服务来介绍平台所具备的三大优势，包括真实、智能匹配和全流程支持。而信息和事实不一致、匹配效率不高、不具备社交特性也是很多婚恋平台所存在的问题，该项目抓住了这几点，在计划书中充分展现了平台所具备的优势。

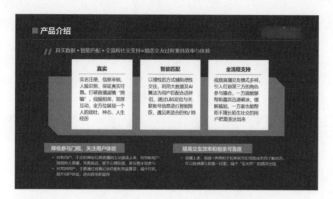

图 5-2　某婚恋平台商业计划书中产品优势介绍内容

5.2　主要产品与服务的阐述

在商业计划书中，创业者要对主要的产品与服务进行介绍，具体阐述时要关注产品与服务的独特功能与价值，如果产品具有创新性，还需针对创新性进行详细介绍。

5.2.1　产品与服务功能介绍

产品与服务所具备的功能体现了其所具有的使用价值，也是产品设计的核心。消费者对某一产品或某项服务的需求本质上是对该产品和服务各种功能的需求。

在商业计划书中介绍产品与服务的功能时，可以先用思维导图梳理思路，找出产品的主要功能，如图 5-3 所示。

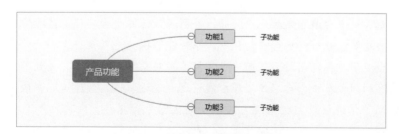

图 5-3　产品功能梳理思维导图

利用思维导图列出产品的核心功能后，再利用表格对每个功能进行说明，最后结合表格撰写商业计划书中关于产品与服务的功能会更简单快捷，如表5-1所示为产品功能表示例。

表5-1　产品功能表示例

功能模块	子功能	功能描述
会员管理	会员充值	支持多种支付方式充值，包括银行卡、支付宝和微信
	会员等级	支持会员等级升降级，会员等级规定见《会员等级充值规则》
	会员管理	支持会员修改会员昵称、密码，账号充值，会员卡挂失等
积分管理	积分变动	支持会员积分增加、扣除和清零
	礼品兑换	支持会员积分礼品兑换，兑换规定见《会员积分兑换细则》

通过上表可以清楚地了解产品的主要功能以及功能说明，以下为某无人机智能监控系统商业计划书中关于产品功能的介绍。

 实例分析 ×× **无人机智能监控系统商业计划书产品功能介绍**

第二章 ××××产品功能介绍

2.1　××××系统核心功能

××××系统的设计针对传统监控网络的结构性问题，通过采用无人机平台消除监控死角问题，并引入云计算平台实现对监控信息的云端智能分析和后台自动判断。系统能够依托无人机平台和云计算后台使用户在任何时间任何地点掌握监控对象的实时情况，并且用户能够利用无人机平台轻松实现智能巡逻、逼近取证、快速追踪和执法辅助等传统被动监控系统无法涉及的主动干预措施。××××系统核心功能包括无人机云操作系统、无人机自主协同飞行技术、全景图像动态融合技术。

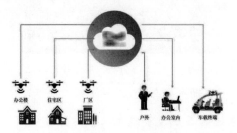

图 2.1　××××系统简图

2.1.1　××××无人机云操作系统

无论用户身在何处，只需通过用户终端连接××××无人机云操作系统，就能管理千里之外的无人机，对重要目标进行智能巡航监控。云操作系统中的无人机能充分利用高空的广阔视角，高效率地执行大区域监控任务；在获取地面信息的同时，能依托云计算平台进行巡逻轨迹的动态自动规划，并对无人机回传信息进行实时分析，发现异常时云操作系统会主动向用户推送告警信息。收到告警信息的用户可以进一步通过云操作系统，远程智能控制无人机执行取证、驱离等干预工作。

图 2.2　××××智能巡逻过程用户端界面

2.1.2　无人自主协同飞行技术

××××系统可以充分利用各种传感器获取高精度的无人机位置，并利用这些信息组织无人机快速智能起飞以及自主编队。用户只需在 App 中选取需要起飞的无人机机群后，启动智能起飞进程，天眼卫士系统将完成多架无人机从移动或静止平台上的快速起飞。多架无人机在起飞后，系统依据实际环境参量动态组织编队，确保监控范围的最大化。

图 2.3　××××智能自主编队起飞

2.1.3　全景图像动态融合技术

××××系统能够融合多路无人机的监控视频流，输出远超过单一无人机视频输出分辨率的全景视频（8K）。全景图像动态融合技术是输出超高分辨率视频的核心技术，天眼卫士系统通过融合多架相邻无人机的孤立巡逻监控视频，实现对极大范围的高清晰度视频流获取，真正实现了无死角监控。如图 2.4 所示，实现了 4 平方公里（上图）范围内，分辨率不低于 5 厘米每像素（下图）的实时全景监控视频输出。

图 2.4（上图）全景图像动态融合后输出的 8K 视频流（略）

图 2.4（下图）全景超分辨率视频流中局部清晰度展示（略）

除了三大核心功能外，天眼卫士无人机云操作系统还提供了包括逼近取证、快速追踪以及执法辅助在内的多种独创云端功能，能够大幅优化安保巡逻的效率。

图 2.5　××××系统运行闭环

从上述节选的内容可以看出，该商业计划书采用图文结合的方式来介绍产品的三大功能。在对具体的功能进行描述时，都是基于用户的需求，再加上图片的辅助说明，使该系统的功能特性一目了然。

上述范例在介绍产品功能时，还说明了该系统能为用户带来什么好处和价值，如轻松实现智能巡逻、无死角监控等。从用户"利益"的角度进行产品功能阐述，再使用真实的图片加以证明，让产品的可信度更高。

在商业计划书中介绍产品功能时，可按照以下思路来撰写。

- ◆ **产品特性**：明确产品或服务的基本功能和特性，如果撰写时连产品的基本功能和特性都不清楚是无从下笔的。

- ◆ **优势展示**：基于产品或服务所具备的优势来阐述产品在功能上所具备的特点，比如汽车后排空间大。

- ◆ **产品利益**：站在消费者的角度去介绍产品的核心价值，可从功能利益、情感利益和经济利益三方面进行阐述。

- ◆ **进行证明**：拿出证明依据会更具说服力，如技术报告、用户的真实反馈、市场数据和荣誉奖项等。

结合以上撰写思路，以介绍一款拍照手机的功能为例，在商业计划书中可按照以下信息点进行产品功能介绍。

- ◆ **产品特征**：具备柔光自拍功能。

- ◆ **产品优势**：拍摄人像照片清晰度很高，补光效果明显。

- ◆ **消费者利益**：不管是在白天还是夜晚，都可以获得一张美丽的自拍照。

- ◆ **情感利益**：展现最美的自己。

- ◆ **证明**：实测样张展示。

在商业计划书 PPT 中介绍产品功能时，也要图文搭配，文字内容尽量精练，用图片来展示产品功能，如图 5-4 所示。

图 5-4　商业计划书 PPT 中产品功能介绍

5.2.2 产品与服务特点介绍

产品与服务的特点能反映该产品或服务对客户的吸引力，对产品特点的介绍一般可从外形、质量、功能、商标、包装等方面进行阐述。如下所示为某支付工具商业计划书中关于产品特点的内容。

 实例分析 ×× 支付工具商业计划书产品特点介绍

四、特点

1. 美观时尚

×× 除具备功能性外，对于年轻、时尚的人群而言也具备装饰性，可以直接作为饰品佩戴。

2. 方便快捷

×× 相比于卡片式支付工具以及 U 盾、密码器，更易携带、不易丢失。

且该指环集三大功能于一体，只需佩戴指环即可进行全功能支付和校内各种用途，代表着方便、快捷与新科技，会受到在校学生及注重支付效率的消费人群欢迎。

3. 支付安全

该指环芯片内储存着安全移动数字证书，在使用 ×× 银行、手机银行支付转账时必须进行身份认证，可以保证账户资金安全。

 **点评分析**

上述商业计划书范例是从外形、功能、安全性 3 个方面来介绍产品的特点，充分展现了该产品与其他同类产品之间的差异性，也更能凸显产品的优势。从语言表述来看，范例没有采用说明书式的写法，简单明了、直观易懂，同时保持了语言的客观性。

在商业计划书中撰写产品特点时，还可结合目标群体的痛点来撰写，这样提炼出来的产品特点更容易打动阅读者。在撰写过程中不妨思考以下问题，以帮助自己准确找到产品的特点。

◆　产品能解决用户哪些痛点，是如何解决的？

◆　与其他同类产品相比，有哪些差异？

◆　产品有哪些值得关注的细节？

◆　哪些方面可以体现产品的好？

商业计划书 PPT 中关于产品特点的描述可结合以上几点进行分析和撰写，以下为某面包烘焙食品商业计划书 PPT 中关于产品的介绍。

 实例分析 ×× 面包烘焙食品商业计划书 PPT 产品介绍

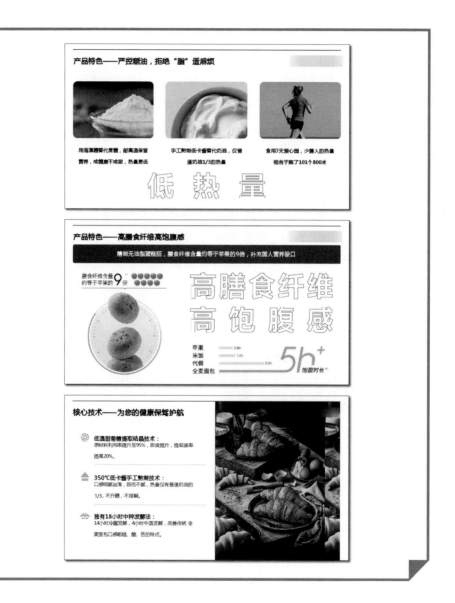

上述范例中的产品为面包烘焙食品，PPT 中用了 5 页来介绍产品，主要是围绕产品的特点来撰写。从 PPT 的内容来看，其可以回答以下问题。

解决用户哪些痛点：热量高、营养缺口、不健康、口感不佳。

如何解决：优选面粉、严控糖油、核心技术。

有哪些差异：低热量、高膳食纤维、高饱腹感。

有哪些值得关注的细节：海藻糖代替蔗糖、手动熬制低卡酱替代奶油。

哪些方面可以体现产品的好：原材料（优选面粉）、低热量、核心技术。

不同的产品特点不尽相同，对产品特点的介绍是否准确且有吸引力，是产品能否得到认可的关键。结合用户的痛点来介绍产品特点，向投资人展示产品能够满足用户的哪些需求，会更具说服力。

5.2.3　产品与服务核心技术介绍

产品与服务的核心技术优势具有不可复制性，也具有独特的市场价值。因此，对于有技术优势的产品来说，在商业计划书中用一定的篇幅介绍产品的核心技术，既能引起投资人的兴趣，也能让投资人看到公司的核心竞争力，如下所示为某电子科技公司商业计划书中关于产品技术优势的介绍。

 ××电子科技公司商业计划书产品技术优势介绍

3.4　产品技术优势

3.4.1　与国内现行技术对比

我们对比了目前国内自主喷灌机厂商的控制系统性能，发现目前国内自主生产的控制系统存在智能化程度较低的问题，喷灌机的生产效率也有非常大的提升空间。

1. 国内喷灌机控制柜技术对比

表 3-1 列举了目前国内主要应用的喷灌机控制柜技术。

表 3-1　国内喷灌机控制柜技术比较（略）

不难发现，国内现有的喷灌机控制柜技术存在以下几点问题：

○ 大型喷灌机因运行不同步而出现倒塌。

……

○ 喷灌机行走轮打滑，造成过量喷灌。

······

○ 无法保障精准灌溉。

······

○ 维修检测费时费力。

······

○ 喷灌机整机制造厂商售后服务及时性无法保障。

······

○ 智能化不足。

······

图 3-8　××××智能主控箱示例（略）

因此，××电子针对以上问题，从20××年开始研发第二代升级产品——大型喷灌机智能化控制系统。该系统改变了原有的机械开关控制喷灌机运行的模式，采用智能塔盒关节，能采集和反馈同步角度，同时可以实时检测行走机构电机的电流、电压，可以有效预防行走轮打滑。塔盒关节之间采用了可靠的 CAN 总线通信，能及时反馈每个塔盒节点处的角度，可以有效预防喷灌机倒塌，使用 3G 技术实现喷灌机的远程控制，从而全方位地保障喷灌机安全运行。

喷灌机智能控制系统的优势主要有：

○ 保证喷灌机运行同步，有效预防喷灌机倒塌。

○ 能实现精准灌溉，差异化喷洒，节水能效为 25%。

○ 有效控制行走机构电机的运行，节省电能约 50%。

○ 提供远程服务，提供在线检测故障服务，保障喷灌机维护的及时性。

○ 触屏控制，向导式控制指令，简单易学。

○ 功能集成。一套系统标配多项功能，避免了功能选配的额外开支。

2. 国内喷灌机控制系统其他组件技术对比

除了控制柜外,喷灌机控制系统的其他组件包含塔盒和集电器。对于上述组件,绝大多数喷灌机整机厂商均采用外协生产模式,市场上的塔盒和集电器供应商零散,产品种类相对单一。以下是具体的技术对比:

○ 喷灌机塔盒技术对比。

……

○ 喷灌机集电器技术对比。

……

3. ×× 智能化控制系统经济优势

×× 智能化控制系统为客户——喷灌机整机生产厂商带来了巨大的收益:

○ 节省了故障维修费用,平均每台可节约 3 万～ 4 万元维修费用,占整个喷灌机价格的 10% 左右。

○ 减少故障发生,提高产品质量,品牌度提高。

○ 远程服务节省了公司上门维修的人力成本。

3.4.2　与国外现行技术对比

……

表 3-2　国外控制系统比较(略)

从目前的情况来看,国外喷灌机控制系统的发展趋势为触屏控制技术、远程管理技术和喷灌方案智能优化技术的应用。但是,这些喷灌机厂家仅提供了良好的人机交互界面,却都因塔盒不具备感知功能,无法真正实现智能化,同时由于价格或者国外厂商的市场策略原因,上述领先技术很少出现在中国市场上。与国外技术相比,×× 公司产品的主要优势是成本节约、产品价格低廉。公司目前正在研发的云端维护系统和农业专家系统,其实现的功能可以涵盖甚至超越目前的国外领先技术。

从上述范例的内容可以看出，商业计划书推介的项目是喷灌机智能控制系统。要实现智能化喷灌，必须有专业化的技术支持，因此，公司在商业计划书中对产品的技术优势进行了详细阐述。

范例采用对比的方式阐述了国内现有的喷灌机控制柜技术存在的问题，接着说明本公司的喷灌机智能控制系统的优势，这样的比较分析使产品所具备的技术优势更鲜明、突出。

如何简明扼要又准确地介绍复杂的技术是撰写产品与服务部分比较关键的一点。产品的技术介绍要考虑读者的可理解性，在语言表述上要尽量简练，具有可读性。在撰写时，可以把握以下技巧。

◆ 以小标题为核心主题，正文内容围绕标题展开。

◆ 对技术的解释不必过细，只需描述清楚技术情况、水平即可。

◆ 内容安排有层次性，采用恰当的、便于读者理解的说明顺序。

◆ 可以结合产品的使用场景来介绍核心技术，更加形象、易于理解。

◆ 用生动形象、浅显易懂的图示或图像来解释技术原理等较抽象、繁杂的内容。

在商业计划书PPT中对于产品技术进行介绍时，一般只需介绍核心技术即可，以下为某护发产品商业计划书PPT中关于核心技术的介绍。

点评分析

　　上述范例中，每个核心技术都用小标题进行了概括，包括抗氧防脱技术、微造型技术和受损发质护理技术。从语言表述来看，标题结合了产品的使用功效来介绍其核心技术，具有简洁、直观、易懂的特点，并进行了说明解释。如果直接使用专业术语进行表述，就会晦涩难懂，比如将标题改为"核心技术②——添加独有的××755N-O黑科技蓬松因子",不仅无法让人认识到这一技术究竟好在哪,还会增加理解的难度。

在商业计划书中阐述产品技术时,既要讲究科学性,也要注重可阅读性。对于产品技术数据、成分、性能等的描述必须客观准确,符合实际情况。同时,注意突出重点,安排好说明的顺序。

从写法上看,可根据实际情况考虑以下几种书写格式。

◆ **条款式**:分条列项介绍产品的核心技术,优点是条理分明,易于阅读。

◆ **短文式**:用概括性的语言介绍产品技术,适合内容较少的技术说明。

◆ **注解式**:以图片+注解的方式介绍产品技术,阐述时说明性内容应紧扣解说对象,图文对应。

在商业计划书中介绍产品技术时,会使用到与技术相关的术语,这些术语要把握好频率,不能过多地使用,对于说明解释性的内容应采用简洁明了、通俗易懂的文字表述方式。

5.3 项目营销策略分析

市场营销是产品与消费者之间的一座桥梁,创业公司所提供的产品只有通过市场营销销售出去,才能转化为利润。因此,公司的营销策略也是投资人看重的。

5.3.1 营销策略的主要内容

营销策略一般包括产品策略、价格策略、渠道策略和推广策略等内容,即公司产品是什么? 如何定价? 销售渠道是什么? 怎么卖出去?

产品策略。公司的产品不是仅指实物,还可以是某种服务或技术等,在营销分析中要先明确产品的核心特点是什么,如果产品不能满足消费者需求,一味加大营销推广力度就是本末倒置。有时创业公司推出的并不是一个产品，而是一个产品系列，对于系列产品还要考虑产品线的组合方式，分析组合产品的竞争力。

价格策略。 如何定价对于产品营销来说是非常重要的，而影响价格的因素有很多，在制定价格策略时应考虑成本、市场竞争和预期利润等，定价的方法有随行就市定价法、价值定价法、需求定价法和利润定价法等。

渠道策略。 渠道是市场营销的重要组成部分，可分为直接渠道和间接渠道，直接渠道是指由生产者直接将产品销售给消费者的渠道；间接渠道是指生产者通过中间商将产品销售给消费者的渠道。选择合适的渠道对于创业公司很重要，比如有的产品适合线上渠道，有的则更适合线下渠道，适合的才是最好的。

推广策略。 包括促销、广告宣传、公关等一系列营销行为，具体的推广方式有广告投放、线下促销、户外宣传等，创业团队应明确以什么样的方式进行推广。

以下结合具体的案例来了解商业计划书的营销策略怎么撰写，如下所示为某汽车环保技术公司商业计划书中关于营销管理的内容。

 ×× 汽车环保技术公司商业计划书营销管理内容

第3章 营销管理

3.1 品牌策略

品牌是企业一项重要的无形资产，也是营销活动开展的核心。我公司将以"专注油气回收 着眼未来环保"的品牌形象获得大众认可，将"绿色、环保、高效"的产品形象植入 ×××× 装置中，确保产品在长时间内保持良好的口碑。在市场竞争日益激烈的年代，公司要努力通过品牌策略形成稳定而持久的市场竞争力，具体将从以下方面进行品牌建设：

1. 保持产品高质量。……

2. 提升产品核心优势。……

3.2　营销组合策略

3.2.1　产品策略

1. 创立1～5年

初期主要研发和生产供自主品牌乘用车的车载油气回收装置，将为目标客户提供个性化设计和生产，具体包括基本型乘用车（轿车）、运动型多功能车（SUV）、多用途汽车（MPV）和交叉型乘用车（微客）。

2. 创立6～10年

公司创立6～10年内，将坚持技术研发和产品升级，将产品拓展到以汽油为动力的自主品牌商用车中；同时，在现有技术积累的基础上，探索未加装车载油气回收装置的汽车燃油系统的改造升级技术及生产销售改造所需部件。

3.2.2　定价策略

1. 创立1～5年

我公司的产品主要以"引导绿色生活 专注油气回收 创立自主品牌"面向市场，选取自主品牌中高端乘用车开拓市场，迅速占领市场，树立企业形象，打造民族品牌。

产品定价考虑成本、市场竞争和市场需求等因素综合定价。以产品制造成本、附加附件成本（如服务成本、公关成本、促销成本等）为基础，结合我公司市场新进入者的定位，参考行业合理利润、高新技术附加值，最终将产品标准件定价为×××元/套。

2. 创立5年后

我公司坚持以研发降低产品成本，随着公司规模和生产能力的不断提升，将继续以高性价比渗透市场，打造价格优势，以应对潜在竞争者。

3.2.3　渠道策略

公司将采取直接销售和间接销售相结合的渠道策略，将产品迅速有效送至客户手中，不断提高市场占有率，提升我公司产品的市场认知，提升使用我公司产品的汽车制造商的企业形象与品牌价值。具体包括：

1. 直接销售

公司将根据市场推进计划，结合目标客户特征，选聘有良好关系网络及市场销售经验的营销人员，向自主品牌汽车制造商进行点对点销售我公司产品。

2. 间接销售

（1）建立 ×× 企业网站。……

（2）递交搜索引擎。……

（3）行业交流会。……

（4）许可 E-mail 营销。……

3.2.4　促销策略

基于我国未对 ×× 装置做出强制要求、新产品市场美誉度不高的现实，我公司将有针对性地开展政府公关、政产学研结合、特色营销等促销策略。

1. 政府公关

……

2. 政产学研结合

……

3. 特色营销

（1）新闻发布会

……

（2）会议营销

……

（3）赞助环保事业

……

上述范例将营销管理分为两大部分：品牌策略和营销组合策略。在营销组合策略中说明了公司在产品、定价、渠道和促销方面将采用哪些具体的策略。产品在不同的阶段，其营销的重点是不同的，上述范例按创立1～5年和5年后两个时间阶段区分产品策略和定价策略，针对各个阶段不同的特点制定不同的的营销策略，从而更有效地提升品牌知名度，获得市场竞争优势。

每个公司都需要在营销管理中选择适合自己的营销策略，对营销策略进行分析时，也可以结合产品生命周期制定更有效、更有针对性的营销策略。

产品从进入市场到最终退出市场，会经历导入期（进入期）、成长期、成熟期和衰退期（衰落期）4个阶段，这4个阶段的特点如下。

◆ **导入期**：新产品刚投入市场，市场中的目标群体对于产品还不了解，此阶段的销量会很低，为打开市场，需对产品进行大力宣传，花费的营销费用会较高。这一阶段，由于产品技术、性能还不够完善，产品生产批量较小，而制造成本却相对高，再加上营销费用较高，产品销售的利润可能很低，甚至可能出现亏损。

◆ **成长期**：进入成长期后，市场中的消费者对产品已比较熟悉，产品技术也已成熟，生产成本下降。此阶段，需求量开始上升，产品开始大批量生产，营销渠道已经建立，产品销售额迅速上升，利润也在迅速增长，与此同时，新的竞争者在看到产品有利可图时也会进入市场参与竞争。

◆ **成熟期**：经过成长期之后，市场需求趋向饱和，潜在客户减少，产品销售额的增长速度减缓，然后逐渐转为下降。此阶段市场竞争会比较激烈，企业需要投入更多的营销费用，利润会下降。

◆ **衰退期**：随着新技术的发展，新产品或替代品会相继出现，消费者也会转而购买其他产品，产品的销售额和利润由缓慢下降变为迅速下降，有的产品可能会被迫退出市场，或者逐步放弃生产。

结合产品生命周期曲线图，能更清晰地看出产品在不同阶段中销量、价格、利润和成本的具体表现，如图 5-5 所示为产品生命周期曲线图。

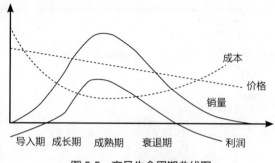

图 5-5　产品生命周期曲线图

在产品生命周期的 4 个阶段，市场特征是不同的，创业公司在制定市场营销策略时应以各阶段的特征为基础，有针对性地采取不同的产品策略、价格策略、渠道策略和促销策略。结合产品 4 个阶段的市场特征，市场营销的常见策略如表 5-2 所示。

表 5-2　产品生命周期营销策略

阶段	营销策略
导入期	找准时机快速渗透市场，找准核心潜在目标群体，集中销售力量进行营销，以更快地进入成长期
成长期	品牌营销，通过改进产品、寻找新的细分市场、加强促销、适时降价等策略维持和提高市场占有率
成熟期	通过调整产品、改变推销方式、扩展分销渠道、改进营销组合等方式保持市场占有率，尽量延长成熟期
衰退期	认真分析判断是否已进入衰退期，根据实际情况决定市场策略，包括继续策略、集中策略、收缩策略和放弃策略

5.3.2　PPT 中营销规划的撰写

在商业计划书 PPT 中，主要说明会采用何种营销模式来打开市场，与目标客户进行接触。PPT 中关于营销规划的内容不会很多，一般用 1 ～ 2

页进行说明即可，如下所示为某连锁品牌烤肉商业计划书中关于营销模式的内容。

点评分析

从上述范例可以看出该连锁品牌烤肉店的营销框架，是以网红推广、社交平台推广、私域流量整合的方式来展开营销，整体的营销方案具体且具有可操作性。

营销策略分析可以帮助企业提前对目标市场进行筹划，而具体如何展开营销推广，要结合企业自身情况，找到最适合自己的模式。创业者要分析制定的营销策略是否适合产品、客户群体以及消费市场。在初创期，针对目标市场将营销力量集中投向最有可能的购买者，才能达到预期的效果。

扫码做习题

扫码看答案

第6章　行业与市场大环境分析

在商业计划书的前期准备工作中，要对行业与市场进行详细的调查。在具体撰写商业计划书时，则需要整理、归纳和总结相关资料和数据，既让自己了解市场情况，也向投资人展现充满希望的商业图景。

如何描绘消费者画像
目标受众群体分析
行业分析的主要内容
行业基本情况概述
行业发展分析

扫码获取本章课件

6.1 消费者分析

消费者分析是市场分析的重要组成部分，创业团队必须要了解目标消费群体，避免闭门造车。另外，在创业早期对消费者进行分析也能挖掘客户的潜在需求，验证对于产品价值的设想是否成立。

6.1.1 如何描绘消费者画像

消费者画像分析的核心工作是为消费者贴标签，从而明确目标消费群体共有的特征，如图 6-1 所示为单个消费者的信息标签。

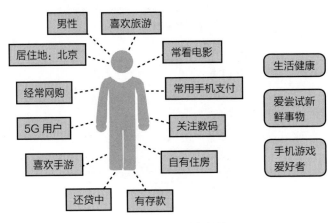

图 6-1 消费者信息标签

结合众多消费者的标签信息，最终可以获得能够展示目标消费群体信息全貌的标签集合，这就是消费者画像，如图 6-2 所示为目标消费群体画像示例。

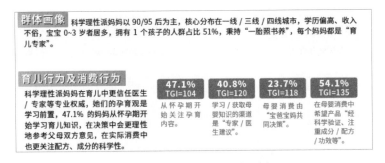

图 6-2 目标消费群体画像示例

在对潜在目标群体进行分析时，可从以下几方面描绘用户画像。

◆ **基本信息属性**：包括性别、年龄、地域、收入、资产、职业、收入水平、受教育程度、婚姻和家庭结构等，这些信息基本上为静态数据。

◆ **行为信息**：包括消费行为、网络行为，如访问习惯、消费购物类型、媒体平台、访问时段和停留时长等，这些信息基本上为动态数据。

◆ **兴趣偏好**：品牌偏好、类目偏好、产品偏好、色彩偏好、生活偏好、内容偏好、口味偏好和风格偏好等。

结合以上分析维度，需对用户数据进行统计分析，然后聚合标签划分群体画像，以小游戏用户为例，如图6-3所示为2020年抖音各类游戏用户性别和年龄分布。

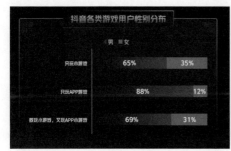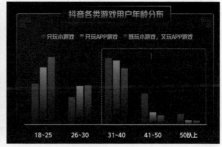

图6-3 2020年抖音各类游戏用户性别和年龄分布

根据图6-3数据，可得到以下基本信息画像：

① 只玩小游戏的用户中男性用户占比较高，但只玩小游戏的女性用户的比例比"只玩APP游戏""既玩小游戏，又玩APP小游戏"的占比高。

② 小游戏用户集中在18～40岁，其中，31～40岁年龄段的小游戏用户占比显著高于其他年龄段。

再结合游戏用户地域、游戏频率、游戏付费习惯、游戏持续时间等数据，可以得到更多画像信息。

对数据进行整理分析后，就可得到用户画像图鉴，然后将相关内容书写进商业计划书中，如图6-4所示为新型饮品商业计划书中关于用户画像的内容。从图6-4中可以看出，该饮品针对的用户群体是运动健身人群、中高消费力的女性人群以及其他人群。

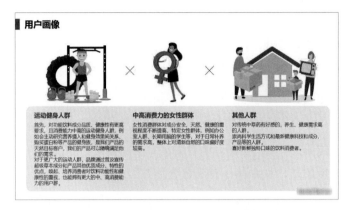

图 6-4　新型饮品商业计划书 PPT 用户画像

6.1.2　目标受众群体分析

对目标受众进行分析是撰写商业计划书非常重要的步骤，创业公司要进入市场也需掌握消费者的基本特征，以为更好地开展营销活动提供决策依据。以下为某酒店商业计划书消费者行为分析的内容，来了解目标受众群体行为分析的具体内容。

××酒店商业计划书消费者行为分析

3.3　消费者行为分析

3.3.1　××酒店主要消费者类型

酒店消费者的类型根据消费目的，可分为以下几种：旅游消费者、从事商务或公务消费者、结婚和探亲的消费者、从事科技和文化交流的消费者。

××酒店将建成四星级标准的酒店，并且地处××××经济城内，因此酒店定位的顾客群体主要是商务客人，即上述分类的第二类消费者。

······

无论是从全世界还是从地区来看，经济越发达的地区，商务客人所占比重越大，他们能给酒店带来巨大的经济效益。深入分析酒店商务客人的消费行为，将有助于酒店进行相关产品和服务项目的开发。

3.3.2　商务客人的群体特征

1. 年龄特征

据调查入住四星级及以上档次酒店的客人年龄中，30 岁以上的商务客人占 70%，其中男性多于女性。这是由商务活动的性质所体现出来的。

一方面，商务客人年龄大，独立性很强，不愿意受人支配，具有很强的个性特征。他们喜欢稳重、典雅的房间布置，乐于接受个性化服务和定制化服务，更希望受到别人的尊重。然而随着业务开展的状况他们的个人情绪会有波动，使酒店难于把握服务的标准。另一方面，商务女性则会对酒店提出更高的要求，更强调环境的安全性、舒适性。例如，××多家酒店推出的女性楼层受到女性商务客人的普遍喜爱。

2. 素质特征

商务客人整体层面上都具有良好的教育背景、较高的文化素质和优秀的自身修养。这些都决定了他们能够很好地鉴别酒店的档次和酒店的服务，也将对酒店有更高的要求，无论是酒店的硬件方面还是软件方面。

3. 需求特征

酒店商务客人的需求特征更符合马斯洛的需求层次理论，即生理的需求、安全的需求、社会的需求、尊重的需求和自我实现的需求。（1）生理的需求体现在客人在酒店中的吃、住等；（2）安全的需求体现在客人在酒店中的人身安全、财产安全等；（3）社会的需求体现在会见客户、召开会议等；（4）尊重的需求体现在客人更希望得到酒店员工的尊重等；（5）自我实现的需求体现在随着人们追求个性化时代的到来，商务客人越倾向于酒店提供的定制化服务、个性化服务，即自我实现的需求，见下表。

表 3-8　　酒店服务于商务客人的项目表

有形的服务		无形的服务	
项目	形式	项目	形式
生活需求	住宿、餐饮、健身活动、衣服干洗等	服务于客人的大脑	提醒服务
财产需求	门禁、保险箱、走廊监控等	提供信息服务	网络服务、金融服务
社会需求	会议、俱乐部、特色商务楼层	客人安全需求	客人信息保密

由此可见商务客人入住酒店的需求远高于普通客人，呈现多样化发展。同时由于商业活动的特性，需要高效率的服务，注重时效性。这也使很多酒店纷纷开设独具特色的商务楼层，快速入住、提供各种商业服务、方便结账一系列的过程满足了商务客人的需求。

4. 经济特征

酒店商务客人可分为不同的消费层次，具体分为高端商务客人、中端商务客人、低端商务客人。××酒店的消费群体主要集中于中高端层面。中高端商务客人属于高消费的群体，能够接受不同价位的高档酒店。一方面商务客人为了公司业务的开展而入住酒店，因此所用费用多由企业承担，也使商务客人敢于消费；另一方面商务客人本身经济实力很强，喜欢酒店多样化的产品服务，酒店商场的商品很多都是商务客人购买。中端商务客人更倾向于能够提供良好的商业服务设施的星级酒店。

3.3.3　影响酒店商务客人消费行为的因素分析

……

3.3.4　商务客人的消费行为理论分析

……

3.3.5　酒店的应对策略

针对上述分析，由于酒店商务客人更多，××酒店应增强对此类客人的需求服务，概括表现为：根据客户不同的年龄、性别制定独特的服务，满足高素质顾客的高品质需求；举办高品质的营销活动，培养客户群；为商务客人提供全方位的服务，尤其在个性化服务、人性化服务方面要令顾客满意，以此培养酒店的忠诚顾客。

同时，酒店还有部分顾客是属于其他类型，如旅游消费者、结婚和探亲的消费者、从事科技和文化交流的消费者，针对他们酒店同样需提供高品质的设施和服务、舒适安静的入住环境及全面的休闲娱乐项目。

总体来说，酒店在经营的过程中应注重服务的多样性、服务品质的不断提高，注重酒店的品牌建设、形象建设、口碑建设，培养忠诚客户。

点评分析

从上述范例的内容可以看出，该酒店所针对的消费者群体为从事商务或公务的消费者。范例从年龄特征、素质特征、需求特征和经济特征 4 个方面来对消费群体画像进行分析。购买决策分析也是消费者行为分析的重要组成部分，因此，范例还对影响目标群体消费行为的因素进行了分析，最后结合分析结果阐述了酒店的应对对策。

从消费者行为分析这部分的撰写思路来看，是按照消费群体定位→群体划分→行为研究→应对方法的方式进行展示，讲述有条理，目标群体定位清晰。在内容阐述时还展示了数据，为理论分析提供了依据。

在撰写商业计划书消费者分析的内容时，需明确如何正确分析消费者，步骤如下所示。

① 对消费群体进行市场调查，得到数据资料。

② 确定产品与服务的目标消费群体。

③ 对目标消费群体的特征进行分析，如消费水平、偏好等。

④ 对消费群体进行分类分析，即细分人群分析。

⑤ 得出分析结论。

消费者的行为分析不能脱离具体的产品与服务，因此，在商业计划书中对目标消费群体进行分析时应结合自身的产品和服务，上述范例在进行分析时也是围绕酒店服务进行阐述的。

在商业计划书 PPT 中只需展示消费者分析的数据图表以及分析结论即可，如图 6-5 所示为某餐饮管理公司商业计划书 PPT 中关于消费者分析的内容。

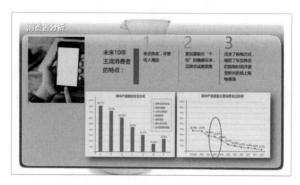

图 6-5　某餐饮管理公司商业计划书 PPT 消费者分析

6.2　深入分析行业

对行业进行分析是对目标行业进行认知和理解的过程，行业的特征是决定项目投资价值的重要因素之一。在商业计划书中进行行业分析，其目的是使投资人了解目标市场的行业情况，展现行业潜在的发展前景。

6.2.1　行业分析的主要内容

行业分析旨在了解行业所处的发展阶段，对行业的发展趋势进行预测，从而判断行业的投资价值。行业的发展前景可以分为两大类：朝阳产业和夕阳产业。

◆ **朝阳产业**：市场前景广阔，未来发展前景被看好的产业。

◆ **夕阳产业**：趋向衰落的产业，未来发展前景不乐观。

行业分析的主要内容包括行业的基本状况分析、市场类型分析、生命周期分析和行业变动因素。

（1）基本状况分析

行业基本状况分析包括行业概述、行业的发展历史、行业市场规模和行业发展趋势预测等内容。

行业概述：对行业状况进行简单的总结，如行业规模、发展速度、产量、主要企业，可以利用表格进行总结分析，如表 6-1 所示。

表 6-1　行业概述表

年度	产值	年增长率	消费量	主要企业
2019				
2020				
2022				

行业发展历史：是指行业起步、发展和演变的过程，通过了解行业的发展历史可以更好地研究行业的发展现状及趋势。在了解行业发展历史时需关注行业的产量、销售额和主营业务收入等数据，这些数据能帮助观察行业的发展变化和所处阶段。

行业市场规模：指目标行业的整体规模，市场规模的大小会影响产品的开发和竞争，因此，在商业计划书中需要展示行业的市场规模，并对未来趋势进行预测。

行业发展趋势预测：根据行业的影响因素以及相关统计数据，对行业的发展趋势进行判断。行业发展趋势预测并不一定完全准确，但是对趋势的预测又有其必要性，可帮助创业者和公司发现未来的机会，同时也能在一定程度上规避风险。

（2）市场类型分析

行业的市场类型分析主要是对行业的竞争类型进行分析，行业的竞争越是激烈，投资壁垒就越少，进入成本相对更低，但是风险会更大。竞争小的行业，投资壁垒多，进入的成本也更高，但风险更低。行业的市场类型可分为完全竞争、垄断竞争、寡头垄断和完全垄断 4 类。

- ◆ **完全竞争**：理想的市场竞争状态，市场中没有企业或消费者能够控制价格，进入该市场很容易。

- ◆ **垄断竞争**：趋近于完全竞争的市场，在现实生活中最为常见。该市场中有很多生产者和消费者，消费者有明显的偏好。

- ◆ **寡头垄断**：市场中的销售者有限，由少数卖家主导市场，一般为生产高度集中的行业，如钢铁、石油等。

- ◆ **完全垄断**：市场中没有竞争者，整个行业市场供给由一家企业所控制，可分为政府完全垄断和私人完全垄断两种类型。

（3）生命周期分析

生命周期分析是对行业所处的生命周期阶段进行分析，行业的生命周期可分为幼稚期、成长期、成熟期和衰退期。可根据市场增长率、需求增长率、竞争者数量、技术水平、利润率水平、进入壁垒等指标来识别行业所处的生命周期阶段，如图 6-6 所示为行业生命周期图示。

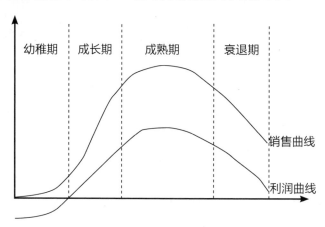

图 6-6 行业生命周期

行业的 4 个生命周期具有不同的特点，具体如下所示。

幼稚期。行业中的产品还不够成熟，技术变革较大，进入行业的壁垒较低，行业的利润率也较低，市场增长率较高。

成长期。产品技术趋于成熟，进入行业的壁垒提高，市场增长率很高，竞争者数量增多。

成熟期。产品技术已经成熟，市场增长率不高，进入该行业的壁垒很高，行业的盈利能力下降。

衰退期。行业中有替代产品出现，市场增长率严重下降，竞争者的数量减少。

（4）行业变动因素

在对行业进行分析时，需考虑行业可能出现的变动，行业会受产业政策、经济形势的发展、社会习惯、技术进步等因素的影响，比如国家政策对某一行业提供支持时，该行业就可能出现爆发增长。

结合以上信息可得到行业分析结论，如市场规模大小、竞争是否激烈、有无发展前景等。在商业计划书中撰写行业分析相关内容，可借助行业分析报告，但有些行业分析报告内容较多，在阅读时可采用以下技巧。

◆ 先浏览目录大纲，根据目录大纲挑选需要的重点内容进行阅读。

◆ 边阅读边记录，记录下关键的数据和信息。

◆ 结合公司或产品进行思考，思考所处的行业位置，深入理解和认知行业现况、未来趋势。

6.2.2　行业基本情况概述

为了使投资人对行业有快速的认识，可在商业计划中对行业的基本状况进行概述。行业概述是对行业的整体状况做一个全面而简要的叙述，可从行业的现状、痛点、发展前景、竞争格局、景气程度和发展趋势等方面进行概括，不同的商业项目侧重点可有所不同。由于行业概述是概括总结性的内容，所以可以放在摘要中，也可以放在行业分析内容的第一部分。

不同行业具有不同的发展历史、现状与格局，撰写者要对行业有明确理解和认知，才能在商业计划书中向投资人全面清晰地介绍行业基本情况，如下所示为某水质监测项目商业计划书中关于行业综述的内容。

实例分析 ××水质监测项目商业计划书行业综述

第一章 业务概述

1.1 公司简介

......

1.2 行业综述

中国是渔业生产和贸易大国，水产品总重已连续 24 年居世界第一位，进口额居世界第一位，出口额连续 11 年居全球首位。今年我国前三季度水产品贸易额为 209 亿美元，其中出口为 145 亿美元，进口为 64 亿美元。在 ×× 会创办之初，中国的水产品年贸易额还不到 30 亿美元，如今这一数字已超过 270 亿美元，比全球第二大水产品贸易国——美国高出 50 亿美元。其中，2014～2016 年，仅 3 年时间中国对虾进口量已升至世界第二，仅次于美国。但长期以来，占据着我国渔业半壁江山的水产基层养殖业仍存在大量落后现象，制约着我国渔业发展。

随着全世界冷链物流的发展，加上中国人生活水平不断提高，进口水产品增多，深受国内消费者喜爱，水产品消费趋势从养殖常规鱼虾类转向世界各地的海水鱼虾类。因此，国内养殖类鱼虾的销量大幅下滑，国内养殖类鱼虾市场随之缩减。

中国工业饲料的大量发展为渔业产能的突破性提升提供了可能，以前的水产养殖靠天吃饭，而近几年来，我国水业养殖出现产量过剩的现象，使鱼类售价低下，例如，今年罗非鱼市场惨淡，其收购价格基本维持在 4～6 元/斤；南方罗非鱼受到冲击，造成传统罗非鱼养殖亏损，其他鱼种同样也受到影响。一方面，我国本土养殖鱼虾成本不断增加、利润不断缩小；另一方面，东盟各国零关税政策，造成养殖类鱼虾大量从越南、缅甸经云南、广东进入我国，因此我国鱼虾类市场面临着较大的威胁。

基层养殖业受到强烈的冲击，是阻碍国内水产养殖业增效增收最大的因素。我国养殖业基础设施简陋，经济基础薄弱，基层养殖户多以单家独户为主，多数养殖池塘由家庭责任田改挖而成，缺少科学、统一、规模、集约化的布局，且分散布点，没有充分整合利用自然资源，造成水利设施不完整的局面。养殖生产所必需的物质条件，如资金、人力、物力等资源严重欠缺，有些鱼糖的固定资产投资每面水面平均不到 1000 元。不仅仅是养殖个体户，甚至一些看似庞大的养殖企业，也缺少必要的技术和设施实力，不少养殖基地由于经营体制不健全导致池埂坍塌、水位变浅、设备陈旧老化，受养殖形势低迷影响的企业或承包户又无力进行地塘改造,造成设施老化,只能维持现状，在市场竞争中处于劣势。

1.2.1 市场机遇

……

1. 不同水产养殖模式产生环境污染的原因分析

……

2. 水产养殖造成环境污染的宏观原因分析

……

1.2.2 市场容量

……

第二章 产品与服务

……

点评分析

　　上述范例将行业综述的内容放在了商业计划书第一章，在开篇就介绍行业。这能让投资人在一开始就清楚项目属于什么行业，以及行业现状怎样。范例在行业综述部分总结了行业的现状和痛点，如水产基层养殖业仍存在大量落后现象、鱼虾类市场面临威胁。

　　说明行业现状和痛点后，又分析了阻碍水产养殖业增效增收的影响因素，如水利设施不完整、欠缺养殖生产所需的物质条件。介绍完行业基本情况后，紧接着介绍市场机遇、市场容量，以说明行业的发展前景和机会，最后引出相关产品与服务。这样的写作结构能够一步步引导阅读者对产品和服务产生兴趣，也能提升商业计划书的说服力。范例在行业概述内容中使用了数据，这会极大地引起投资人的关注，也为行业的分析和判断提供了有力而合理的依据。

在行业概述部分应凸显行业的特征、现状、发展趋势和规模等，这能吸引投资人了解该行业。在撰写行业概述时，可先厘清行业概述的结构框架，然后围绕该框架用简练的语言总结概括行业的基本情况，以电商服饰行业商业计划书为例，先书写如下框架。

①服饰行业发展趋势。

②服饰行业市场规模或增速。

③服饰行业存在的问题。

④服饰行业电商化程度。

⑤服饰行业发展的新助力。

由于是针对电商服饰行业的商业计划书，所以在行业概述部分体现了服饰行业的电商化应用，这能使行业概述的内容贴合项目本身，有重点也有针对性。

6.2.3 行业发展分析

行业发展分析是对行业发展的现状和未来趋势进行分析，在商业计划书中应结合行业发展现状、市场需求、行业内企业情况等要素来分析行业发展前景，如下所示为某特殊钢材项目商业计划书中关于行业发展分析的内容。

 × × 特殊钢材项目商业计划书行业发展分析

第二章　行业发展分析

一、需求：2022 年需求增长重点在基建

目前，在我国钢材下游消费结构中，建筑行业用钢占比约 49%，排名第一；其次是机械行业，占比约 17%。此外，汽车行业、能源行业、造船行业、家电行业的用钢占比也相对较高。目前"稳增长"基调下，2022 年基建用钢、汽车用钢增速相对较好；此外，受海运费高涨因素影响，造船业手持订单较多，预计推动造船用钢需求快速增长。

二、国际特钢行业：依托制造业发展壮大，兼并重组助力做大做强

根据 ××××× 特钢公开发行可转换公司债券募集说明书的资料，参考美国、日本、欧洲特钢的发展历程，制造业特别是高端制造业的发展和繁荣是特钢产业发展壮大的重要因素。

......

而美国、日本和欧洲之所以能长期垄断高端产品市场，并引领特殊钢产品和技术发展趋势，一个重要原因是它们都经历了国内国际的并购、重组、联合，使特殊钢产业布局得以优化，同时实现了产线专业化，提升了产品质量，使特钢企业实现快速的规模扩张，大幅度提升了国际竞争力。

经过兼并重组和跨国联合以后，发达国家的特殊钢产业具有以下特点：

（1）全球特钢行业集中度大幅提升。日本的 ×× 钢铁公司，瑞典的 ×××× 钢厂、×××× 集团，德国的 ××××× 钢铁公司，美国 ×××× 公司和法国 ×××× 公司等占据全球高端特殊钢市场份额的 80%。

（2）强大的研发创新支撑产品和工艺技术进步，产品质量及服务性能得到了大幅提升，形成了世界知名品牌；发达国家的特殊钢企业几乎在所有特殊钢材高端产品领域均有各自的优势产品和知名品牌。

（3）产线的专业化分工越来越细，产品的适用性越来越高，制品化趋势也日渐明显。瑞典的 ×××× 和 ×××（×××）销售主导的产品早已不是钢铁产品而是最终成品工具和轴承。

（4）基于节能环保（绿色制造）理念的特殊钢新流程正在逐步成熟并广泛应用。

三、稳增长加码基建，钢铁供需格局有望改善

需求端，2022年房地产行业或继续承压，拖累房地产用钢需求；基建投资增速或实现高个位数增长，利好基建用钢需求，总的来看预计建筑行业用钢需求或小幅下滑0.31%。此外，机械行业用钢需求或增长2%，汽车行业用钢需求或增长7%。其他下游领域中，预计除了造船业用钢需求增速较高外，其他行业用钢需求或保持低个位数增长，总的来看预计我国2022年钢材消费同比增长1.49%。

供给端，展望2022年，从一季度来看，根据《两部门关于开展京津冀及周边地区2021～2022年采暖季钢铁行业错峰生产的通知》，2022年1月1日至2022年3月15日，以削减采暖季增加的大气污染物排放量为目标，原则上"2+26"城市有关钢铁企业错峰生产比例不低于上一年同期粗钢产量的30%。为保证中长期"双碳"目标的实现，钢铁行业作为高能耗行业，预计产能和产量增长或继续受控，2022年产量难有明显增长，预计与2021年产量持平。

库存方面，2022年年初以来，行业库存相对过去两年处于较低水平，预计在后续补库存需求推动下，钢铁价格有望上行。同时，供给方面，为了实现"双碳"目标以及继续巩固行业去产能成果，预计今年钢铁行业产量与去年持平；而需求端在基建、汽车、机械、造船行业的带动下，钢铁需求有望实现低速增长，因此对全年钢铁价格不悲观。

原材料方面，2022年铁矿石需求相对不强，全球供给预计略有增加，且在目前库存偏高的情况下，铁矿石价格或维持弱势；焦炭也面临需求较弱的情况，预计焦炭价格取决于焦煤价格，而焦煤价格则需要关注进口恢复情况，以及动力煤保供对焦煤形成的挤压。

点评分析

在商业计划书中，投资人常会通过行业发展分析来判断公司或项目是否有投资价值。上述范例所针对的项目是特殊钢材，从节选的内容可以看出，范例从3个方面对行业的发展进行分析，包括用钢需求、国际特钢行业特点和钢铁供需格局。

该商业计划书中对特钢行业发展的分析具体而详细，给出了特殊钢材的市场需求数据，以说明特殊钢材的市场需求将快速上涨，向投资人释放了行业向好的信号。范例结合国际特钢行业分析了发达国家特殊钢产业的特点，同时，从需求、供给、库存、原材料等方面说明钢铁产业未来的供需格局。

整体来看，范例对行业发展的分析具体客观、详略得当，既呈现了现状，又对行业未来的发展情况进行了阐述，数据和政策性文件的说明也加强了该部分内容的可信度和说服力。

在商业计划书中介绍行业现状会相对容易，比较难的是对未来发展的预测，但是对行业未来发展的预测又是很重要的一部分，如果在撰写商业计划书时，难以对行业发展进行预测，那么可采用以下方法。

◆ 参考权威机构发布的相关行业分析报告，引用行业分析报告中关于行业发展预测的内容。

◆ 请专业的咨询公司、市场调研公司代为进行行业市场调查和分析，由其提供行业市场报告、可行性研究报告等。

行业的发展往往会受当地政策法规的影响，因此，行业发展分析部分常需要说明政策法规对行业的影响，在阐述时不能只说明 ×× 期间出台了哪些政策和法规，而应结合政策和法规说明相关政策会对行业带来正面或负面的影响。如果政策内容较多，则可以采用表格的形式罗列，具体格式为用文字内容先说明政策对行业布局、发展的影响，然后用表格展示相关政策，在展示时只需展示重点政策即可，不必全部罗列，如表6-2所示。

表6-2 20×× 年 ×× 行业重点政策

发布时间	政策	主要内容
20×× 年 3 月		
20×× 年 4 月		
20×× 年 9 月		
20×× 年 10 月		
20×× 年 12 月		

6.2.4　行业的竞争分析

创业公司在进入行业后会面临行业竞争，行业竞争越激励，公司的利润往往越低，如果公司不能在行业竞争中占有一席之地，就可能面临亏损甚至是破产。行业的竞争结构和竞争状况是影响创业公司成败的关键因素之一，在商业计划书中对行业竞争进行分析，能帮助创业者了解行业的竞争状况，同时让投资人了解公司处于何种竞争环境中。如下所示为某显示屏项目商业计划书中关于行业竞争格局分析的内容。

 ××显示屏项目商业计划书行业竞争格局分析

第二章　行业分析

一、行业的上下游行业发展概况及关联性

1.上游行业的发展情况及关联性

……

2.下游行业的发展情况及关联性

……

二、视频图像显示控制行业简介

1.LED显示控制系统

……

2.视频处理系统

三、行业的竞争格局

由于显示控制和视频处理系统需与显示屏进行系统集成后方可使用，因此视频图像显示控制行业的直接下游以LED、LCD等显示屏生产商为主。但受LED显示屏成本偏高的影响，目前LED显示控制和视频处理系统的应用场景多为商业显示和政务显示，最终用户以企业客户和政府客户为主。

随着LED显示屏技术不断提升、制造成本不断下降，LED显示

屏的应用场景不断丰富，用户群体持续增长，与之对应的视频图像显示控制行业得以保持规模增长和良性竞争的格局。此外，基于不同应用场景对显示效果的精细程度要求不同和不同客户对价格敏感程度不同，视频图像显示控制行业形成了高、中、低端多层次协同发展的态势，各层次的供需关系较为匹配，因此行业内企业主要根据自身技术水平聚焦于不同层次的目标市场与客户群体。

目前在行业内，××、×× 等来自欧美国家的厂商具备多年的信号数据处理经验，产品布局面广，销售渠道覆盖全球。国内厂商相对于国外厂商起步较晚，20 世纪 90 年代末才陆续出现以实现基本功能为主的国产化产品。近年来，国内厂商基于产业链优势和人才优势，技术实力和销售规模呈现快速增长态势。目前行业主要参与者为 ××、×× 等欧美公司和 ××、×× 科技等国内公司。

随着 5G、Mini/MicroLED 和 4K/8K 超高清视频技术的快速发展，LED 显示屏日益精细化，显示内容逐渐向超高清化发展，对显示控制和视频处理系统在高比特、高动态、高帧率、广色域、低延迟等方面的要求更高，行业整体步入技术变革期。

点评分析

从上述范例节选的内容可以看出，从行业的上下游行业发展概况及关联性、视频图像显示控制行业简介和行业的竞争格局 3 个方面来做行业分析。在行业竞争格局部分，范例说明了行业中的购买者和主要厂商，展示了行业的竞争格式和技术发展趋势。

行业的供求、技术发展趋势、主要厂商分析（行业集中度）是行业竞争分析的常见内容，范例就是从这几个方面来阐述的。除此之外，行业竞争分析的内容还包括外国企业竞争模式、产业链、相关行业分析等。

在商业计划书中撰写行业竞争分析时，可从以下要点进行思考和编写。

◆ **行业供求**：行业整体的供给情况，是供不应求，还是供给过剩；行业的供给发展趋势；行业内产品的需求规模；主要的替代产品等。

- ◆ **行业集中度**：行业内最大的几家厂商所占的市场份额（销售额、资产、人员、资产总额等）。

- ◆ **行业技术发展趋势**：技术发展前景以及走向；技术领先的国家、公司的名称 / 简介、领先之处；国内技术领先的公司；国内与国外技术水平的对比等。

- ◆ **行业中外国企业竞争模式**：外国企业的数量；外资进入该行业的相关规定；外国企业产品的市场占有率等。

- ◆ **行业产业链**：上游、中游、下游 3 个环节分别是哪些产业，供应商行业简介和集中度、对供应商的依赖程度；客户行业简介和集中度、本行业对客户行业的依赖程度等。

- ◆ **相关行业**：相关行业的类别；本行业与相关行业的关系；相关行业的规模、集中度等。

行业竞争分析还可以结合波特五力模型法来思考，波特五力模型将行业的竞争分为 5 种力量，如图 6-7 所示。

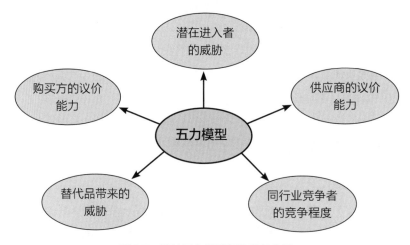

图 6-7　波特五力模型行业竞争分析

从图 6-7 可以看出，影响行业竞争的因素除了行业内现有竞争者的竞争能力外，买方、卖方、潜在进入行业者、替代品也是影响行业竞争的力量。

波特五力模型是作为理论思考工具在行业分析中运用，强调的是战略意识，实际运用时应明确这 5 种力量的不同特性，其对行业竞争影响的重要程度会有所不同。

6.2.5　商业计划书 PPT 行业分析

在商业计划书 PPT 中，一般用 1 ～ 2 页 PPT 简述行业背景、发展前景、市场空间。内容撰写上主要采用图表＋文字说明的方式，如下所示为某电竞社区商业计划书 PPT 中关于行业分析的内容。

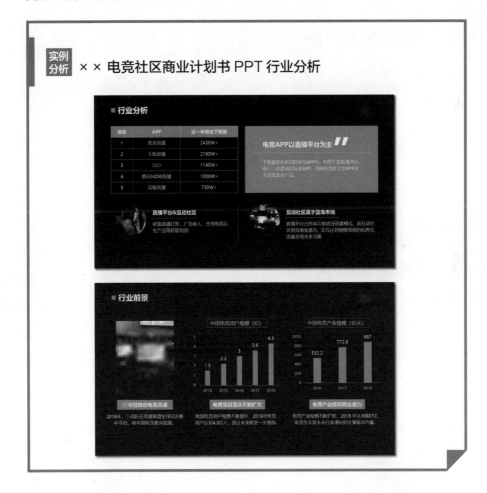

从上述范例的内容可以看出，该商业计划书使用了大量的图表来说明

行业现阶段的一般特征以及前景。内容上没有过多的文字，清晰易读的图表展示正是商业计划书 PPT 所需要的，要点完整也容易读懂。

商业计划书 PPT 关于行业分析的内容更适合用图表表达，图表能生动、形象、直观地展示行业相关数据，在演讲时也更方便陈述，使听者更容易理解、信任。

6.3　目标市场分析

市场分析是行业分析的一部分，相比市场分析，行业分析更具有全局性和战略性，在商业计划书中既可以将行业和市场结合起来进行分析和撰写，也可以单独对目标市场进行分析和阐述。

市场分析侧重于行业现在和未来的市场情况分析，如市场环境、市场容量、市场竞争和市场风险等。对创业企业来说，市场分析为企业制定正确的营销战略提供了基础，能够降低经营风险；对投资人来说，市场分析能够帮助其了解市场机会和可能存在的风险。

6.3.1　市场分析的主要内容

市场分析的研究对象是整个市场，是根据市场调查资料对市场环境、供需、消费者等进行分析，市场分析的主要内容有以下几方面。

◆　市场容量分析

市场容量即市场规模，指一定时间内目标市场的产量或产值，反映了市场的体量大小。创业公司在进入市场前，首先要考虑市场容量。在商业分析中也常常需要估算市场容量，相当于估算市场需求的大小，这会影响创业公司未来的发展空间和速度，以及未来战略的选择。

◆　市场环境分析

环境是影响市场的因素之一，分为宏观环境和微观环境两大类。宏观环境由经济、政治、科技、社会、文化等构成，宏观环境是不可控的，创业公司需要去适应宏观环境的发展变化。微观环境由企业本身、供应商、消费者、竞争者、公众和营销中介构成。

◆　市场竞争分析

市场竞争分析也可以借助波特五力模型这一工具，通过该模式对市场的基本竞争态势进行分析。

◆　市场机会分析

分析目标市场上存在哪些尚未满足或尚未完全满足的需求，这种需求可能是显性的，也可能是隐性的，市场机会分析能够帮助创业公司确定进入市场的时机。

市场机会分析的内容包括外部分析和内部分析。外部分析包括战略环境分析和企业经营活动分析；内部分析是对企业的能力进行分析，主要分析企业的关键能力。企业能力分析可采用纵向分析、横向分析和财务分析等方法。

◆　消费者分析

在进行市场分析时，创业公司需要针对产品圈定目标人群，并通过目标人群分析更全面地了解用户。市场中的用户根据地理位置、消费行为、需求动机、使用场景等的不同可分为多个类别，在分析时最好形成用户画像，以了解目标用户的共性和特性。

◆　市场风险分析

市场存在着各种风险，如政策风险、法律风险、决策风险、技术风险、信用风险、财务风险和运营风险等。

通过市场风险分析可以帮助创业公司尽可能地规避风险，对于无法规避的，则可采用适当的策略转移风险或是减轻风险带来的不利影响。分析的要点应是未来国内外市场某些重大的不确定风险因素，以及可能带来的影响程度。

◆　市场展望和预测

结合市场政策、技术发展、市场竞争和市场供需等对市场进行回顾，预测和展望未来，如市场需求是呈增长趋势还是下降趋势、消费市场是低迷还是平稳等。

> **拓展贴士** *市场分析常用的指标*
>
> 　　在进行市场分析时，常常会使用到市场增长率、市场占有率等指标。市场增长率是指产品或劳务的市场销售量或销售额在比较期内的增长比率，公式为：
>
> 　　市场增长率 =[比较期市场销售量（额）– 前期市场销售量（额）]÷ 前期市场销售量（额）×100%
>
> 　　市场占有率是指本企业某产品销售量或销售额在市场同类产品中所占的比重，公式为：
>
> 　　市场占有率 = 本企业产品销售量（额）/ 市场上同类产品销售量（额）×100%

6.3.2　产品市场预测

　　市场预测是运用科学的技术和方法对市场的发展趋势等进行分析。市场预测的内容很广泛，在商业计划中，对市场预测的分析可以从供需、规模和价格等方面进行撰写。在撰写时需要注意，市场预测不能靠凭空猜测，而应在广泛收集信息数据的基础上，运用科学的方法来预测，如下所示为某燃料项目商业计划书中关于市场预测分析的内容。

 实例分析 **××燃料项目商业计划书市场预测**

第四章　市场预测

一、市场特点和发展趋势

1. 供应端产品结构优化，我国染料企业转向中高端产品

　　尽管我国已成为全球最大的染料生产国，但下游市场需求的变化让国内染料制造行业面临发达国家高端染料产品优势和东南亚等发展中国家染料低成本优势的双重市场竞争压力。为了巩固我国全球最大染料生产国的地位，国内染料企业开始注重产品的质量改进，通过改进设计、使用清洁的原材料和能源、采用先进的工艺技术和设备、改

善生产管理等措施降低能耗和减少废料的生成,达到提高生产效率、降低生产成本、提高安全性和减少环境污染的目的,加快产业转型升级。同时,通过掌握具有自主知识产权的核心技术和关键技术不断开发高端染料产品,国内染料制造企业从生产通用型染料产品向开发个性化、差异化、高性能化、环保化染料产品方向转变,建立具有较强国际市场竞争力的完整染料产品线,从而优化国内染料制造行业的产业布局。

国内染料企业开始注重市场导向,不断推进产品结构调整和适应性、差异性调整,实施品牌战略,关注适应市场发展的新产品研发方向,弥合染料新品种创新研发能力与国外先进水平的差距。我国在经济结构调整的关键时期全面推进制造强国战略——中国制造2025,推动着我国染料产业转型升级与布局优化。

2. 生产自动化趋势确立,产品性能稳定性提升

染料应用性能主要由材料配比及反应条件决定,其中反应条件包括染料合成时环境的温度、PH 值及浓度。目前,国内的染料生产大多仍以间歇式和劳动力密集型方式作业,人为控制反应条件,反应条件精确性难以保证,造成产品质量不稳定,同时产生的废弃物也给后续环保处理带来压力。

信息技术与制造技术深度融合的数字化、智能化制造作为今后的发展主线,发展绿色制造技术,加强资源循环,是染料行业发展的责任和使命:一是提升反应设备的密闭化、集成化、智能化与信息化,提升行业整体技术和装备水平,以达到反应全过程的温度、酸度、压力流速、反应速率等工艺参数的自动化,提高原材料的利用率,使反应更加准确合理,从而达到生产过程的清洁化、节约化,废弃物达标排放的目的;二是进行重点生产成套技术的改造、优化、系统化和集成化以及改进安全和运行稳定性,特别是在技改过程中,要注重产品生产全过程的物料和能源的优化组合;三是围绕染料绿色产品及清洁生产技术开发,突破行业关键技术,突破重点中间体清洁生产技术和装备的连续化、工艺控制自动化等关键技术。

3. 环保监管长效机制加速染料行业优胜劣汰,集中度加速提升

长期以来，我国环保产业存在"重投资、轻监管"的治理思路，在环保投资大幅增加的同时，监管、执法力度不够导致环保设备设施实际运行情况较差，大量不具备相应实力的企业进入染料行业。伴随环保监管长效机制的加速建立，国家在环保方面投入的监管力度持续增大，特别是新《环保法》实施后，一些排放未达标准的中小企业基本处于整改、半停产、停产状态，对净化染料市场环境起到了积极作用，不符合环保要求的企业和产能逐步被清除出市场。

环保监管长效机制的加速建立以及国家在环保方面投入的监管力度持续加大，使染料企业违法成本不断上升，不符合环保要求和不具备竞争力的染料制造企业逐步退出市场。大型染料制造企业凭借自身在环保投入、生产成本、产品质量等方面的优势保持了较强的可持续经营能力，其市场份额将保持上升趋势，国内染料制造行业集中度将得到进一步提升。

二、市场规模

发达国家企业已逐步退出基础的染料合成业务，形成了主要依靠进口中国、印度两国的染料半成品来加工生产高附加值染料产品，或直接采购两国 OEM 厂商的染料产品并贴牌销售的经营模式。我国目前已成为全球最大的染料生产、出口和消费国，我国染料产量约占全球产量的 70%。国际贸易环境动荡不断，宏观经济下行压力不断加大，面对着国内外市场变化、政策改变带来的产业结构调整、环保及安全生产约束收紧以及成本不断攀升的压力，染料行业仍保持平稳运行。

······

据中国染料工业协会统计，2018 年、2019 年、2020 年，染料产量分别为 81 万吨、79 万吨、77 万吨，其中分散染料的产量分别为 38 万吨、34 万吨、37 万吨，活性染料的产量分别为 28 万吨、22 万吨、21 万吨，分散及活性染料合计分别占染料总量的 81%、71%、76%。

1.活性染料

······

自 2018 年以来，国家针对化工企业的安全环保督察趋严，国内染料部分企业停产整改，因此 2017 年以后活性染料产量略有下滑。

2.分散染料

……

分散染料以其色谱全、牢度高、环保性能强、应用广泛等优势成为目前所有染料类别中最为重要的品种，也是我国产销量最大的染料。

三、上下游产业

……

染料下游主要是纺织行业中的印染子行业，纺织品是纺织纤维经过加工织造而成的产品，印染是指用染料将纺织纤维染成各种鲜艳而牢固的颜色的加工方式。随着纺织产品对功能性需求的不断增加，从面料的染整技术角度而言是非常苛刻甚至是相互抵触的。

为了让面料达到所需的功能性，通常需要使用混纺面料搭配合适的染料及印染的后整理工序。这对染料企业提出了较高的要求，染料企业需要提供合适的染料以满足下游厂商对色彩、各项牢度等的需求。

点评分析

上述商业计划书从市场特点和发展趋势、市场规模和上下游产业 3 个方面进行市场预测分析。内容上，对市场的预测分析有理有据，要点总结到位，可信度较高，能让阅读者对市场的发展趋势和规模有清晰的认识。

在商业计划书中，投资人会根据预测结果来判断项目的风险性，如果预测结果不乐观，投资人进行投资就会承担更大的风险，这往往是投资人难以接受的。从节选的内容可以看出，市场预测的结果总体是比较乐观的。另外，市场预测的可信度也是投资人重点关注的，在撰写这部分内容时应实事求是，对创业者来说，预测分析没有实事求是也会误导市场决策。

市场预测按预测期、预测范围和预测性质可分为以下几类。

◆ **预测期：**可分为长期预测、中期预测和短期预测，在编写商业计划书时可根据项目需要选择预测期。

◆ **预测范围：**可分为国际市场预测、国内市场预测和地区市场预测，预测范围大小的选择与企业产品销售的区域范围有关。

◆ **预测形式：** 可分为定性预测和定量预测。定性预测是指依靠预测者的知识、经验和对各种资料的综合分析进行市场预测；定量预测是指根据历史统计资料，运用各种数学模型对市场进行预测。

定性预测方法的优点在于简单易行、省时也省费用，缺点在于受预测者分析能力的影响较大，预测结果可能不够准确。定量预测较少受个人知识、经验、主观判断的影响，缺点在于比较机械，难以对事物的发展变化进行准确预测。

定性预测和定量预测并不是相互排斥的，而是相互补充的关系，在实际进行市场预测分析时也不会只采用定性预测或定量预测，通常会将定性预测方法和定量预测方法结合起来使用。

在商业计划书 PPT 中，对市场预测的分析展示与行业分析类似，主要采用结论 + 数据图表的方式，如图 6-8 所示。

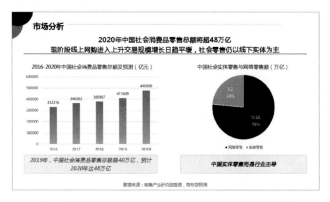

图 6-8　某新零售电商项目商业计划书 PPT 市场分析

上图展示的是某新零售电商项目商业计划书 PPT 中关于市场分析的内容，从中可以看出，范例在 PPT 中展示了 2016 ～ 2020 年社会消费品零售总额及预测数据，数据来源于权威平台，具有很强的可信度。

6.3.3　商业计划书 PPT 市场分析

在商业计划书 PPT 中，市场分析的内容可以是市场规模、市场现状、市场背景和市场痛点分析等。该部分内容在 PPT 中的位置也是比较重要的，如果位置安排不当会影响 PPT 整体的故事逻辑。下面以某新活细胞商业计划书 PPT 为例，来了解如何介绍市场分析的内容。

实例分析　×× 新活细胞商业计划书 PPT 市场分析

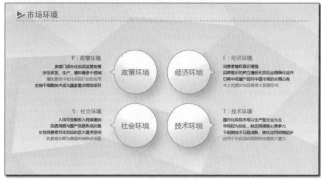

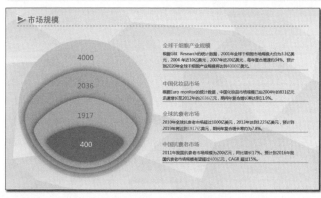

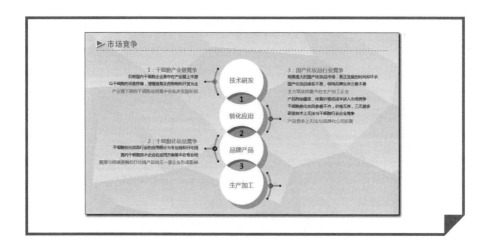

　　该商业计划书 PPT 共有六大部分，分别为关于我们、发展规划、市场分析、产品策略、财务分析和融资计划，从展示的内容可以看出，市场分析位于第三部分，PPT 整体的故事逻辑清晰。

　　商业计划书 PPT 市场分析的内容包括市场环境、市场规模和市场竞争，重要的数据和关键点使用不同颜色的字体高亮显示，能起到突出重点的作用。

　　在商业计划书 PPT 中，市场分析内容一般要放在财务分析和融资计划前面，如果团队很强，那么团队介绍可以放在市场分析前面，市场分析内容后紧接着给出产品策略或解决方案，有量化的数据支撑，也有具体的方案，会很有说服力。

扫码做习题

扫码看答案

第 7 章　竞争对手和优劣势分析

市场竞争在于知己知彼，研究竞争对手是创业公司在进入市场前，以及进行战略规划必不可少的一步。商业计划书中缺乏对竞争对手的分析，对竞争对手和自身优劣势的分析语焉不详，都难以取得投资人的信任。

如何界定竞争对手
竞争对手的分类
有效分析竞争对手
如何做好竞争对手分析
主要竞争对手分析如何撰写

扫码获取本章课件

7.1 竞争对手概括

首先要明白什么是竞争对手，才能准确地界定竞争对手。在某一行业或领域内，竞争对手拥有与我们相同或相似的资源，其行为会影响我们的利益。在竞争分析中，选错竞争对手会直接影响决策的方向和目标。

7.1.1 如何界定竞争对手

如何界定竞争对手会对企业竞争行为的效果和成败产生影响，企业所做的决策应建立在对竞争对手准确定位、深刻洞察的基础上，这样才能赢得市场地位。要界定竞争对手，可按照以下步骤进行。

① 确定项目或产品所属的行业，如能源行业、化工行业、消费品行业等。每个大的行业又有细分行业，如消费品行业又可细分为家用电器、家用家居和日用品等，大的行业类型过于宽泛，所以要界定细分行业。

② 判断对方企业是否与我们处于同一行业，是否与本企业生产同样的产品或者提供同类服务。

③ 分析本企业的定位、优劣势，判断对方是否有相同定位或优劣势。

④ 分析对方提供的产品能否替代本企业的产品，替代品也可能形成竞争关系。

事实上，同行业中的参与者并不都是本企业的竞争对手，在界定竞争对手时，还可从以下方面来甄别。

◆ 判断对方是否与本企业争夺同一目标消费群体。

◆ 判断对方产品的价格是否会与本企业产品争夺市场份额。

◆ 判断对方是否有针对本企业的市场营销策略。

◆ 判断对方是否拥有与本企业相当的核心技术。

◆ 判断对方是否与本企业存在人力资源争夺。

竞争对手不是一成不变的，随着企业的发展、产品定位的改变，竞争对手也可能发生变化。从广义上看，与本企业争夺同一目标用户群体的经营者或企业都可视为竞争对手，但实际上真正的竞争对手应是能与本企业相抗衡的。在界定竞争对手时，不能将同行业内所有参与竞争的个人或团队都视作本企业的竞争对手，而应分析竞争对手的能力，看其能否与本企业相抗衡。

7.1.2　竞争对手的分类

竞争对手可分为四大类，包括直接竞争对手、间接竞争对手、潜在竞争对手和替代性竞争对手。

（1）直接竞争对手

直接竞争对手是指在同一目标市场内与本企业生产经营同类产品，或者提供同类服务的竞争者。直接竞争对手与本企业构成直接竞争关系，主要为同一特定行业的企业，会和本企业争夺同一目标用户。

直接竞争对手一般较好判断，主要看 3 点：相同产品、相同客户、影响利益。在市场中，直接竞争对手会影响本企业的市场占有率，在商业计划书中，对直接竞争对手的分析很重要。

（2）间接竞争对手

间接竞争对手与本企业的目标客户相似，但其提供的产品和服务却有一定的差异性，比如某果汁企业和可口可乐企业目标消费群体一致，但产品却不同。再比如短视频平台和长视频平台，虽然都是为视频用户提供服务，但视频类别不同。间接竞争对手比较容易被忽略，但对企业带来的威胁是不容忽视的。

（3）潜在竞争对手

潜在竞争对手是指对本企业具有潜在威胁的竞争对手。在做竞争分析时，企业一般比较关注现实的竞争对手，而忽略潜在竞争对手。市场中随时都有潜在竞争对手进入，企业要做好随时面对新竞争对手的准备，因此，也要了解和识别潜在竞争对手。

相比现实的竞争对手，潜在竞争对手的识别要困难很多，一般可从以下几方面来辨别潜在竞争对手。

◆ 还未进入本行业，但是进入本行业市场壁垒比较低的企业，这类企业一般对该行业的供需、价格、原材料等比较了解，进入一个新的行业后能够提升其销售额或竞争力，因此进入的可能性较大。

◆ 在行业战略上，对方企业有加入本行业的规划。企业发展到一定
阶段会有向其他行业渗透的需要，如果对方行业战略的延伸会导
致其加入本行业的竞争，那么此类企业也是潜在竞争者。

◆ 进入本行业后能为对方企业带来竞争优势，产生协同效应，这类
企业很有可能进入本行业，也是潜在竞争者。

◆ 本企业的客户或者供应商如果前向整合或者后向整合，在整合后会
成立新企业并参与本行业竞争，那么他们也能成为潜在竞争者。

◆ 有一定实力的企业为促进发展会兼并或收购其他企业，如果该企业
有通过兼并或收购进入本行业市场的可能，那么也是潜在竞争者。

（4）替代性竞争对手

替代性竞争对手是比较隐蔽的竞争者，他们所生产的产品种类与本企
业不同，但是却能够替代本企业产品。比如咖啡和茶叶，虽然是不同的种类，
但是两者在一定程度上能够相互替代。

7.2 竞争对手分析

在同一行业中，优秀的竞争对手往往不止一个，做竞争对手分析能为
企业的产品规划、市场营销提供依据，也有助于分析产品的差异性。无论
创业公司处在哪种竞争环境，在商业计划书中对竞争对手进行分析都是必
不可少的。

7.2.1 有效分析竞争对手

行业中的竞争对手有很多，在商业计划书中，只需展示主要竞争对手
即可。按照竞争力的强弱程度，可将竞争对手分为以下几个层级。

第一层级。这类竞争对手一般为行业中的翘楚，也是本企业强有力的
竞争对手，是本企业学习和模仿的对象。

第二层级。与本企业实力相差不大的竞争对手，此类竞争对手是企业的主要竞争对手。

第三层级。与本企业相比实力稍弱的竞争对手，这类竞争对手可能会将本企业视为追赶的对象。

第四层级。与本企业实力悬殊较大的竞争对手，此类竞争对手多为本行业的小企业。

第五层级。行业内新出现的优秀企业，虽然竞争力暂时较弱，但在未来可能会赶上或超越本企业。

对企业来说，需要重点关注第一层级和第二层级的竞争对手。确定了市场中本企业的主要竞争对手后，需要对竞争对手进行分析，主要可从以下维度进行分析。

- **产品策略：**竞争对手产品的定位、产品组合、产品的关键技术、产品质量、产品卖点、产品包装、产品的更新换代周期和产品的主要优势等。

- **价格策略：**竞争对手产品价格的总体水平、细分产品的定价、促销折扣和产品成本等。

- **渠道策略：**竞争对手主要营销渠道、渠道的营销策略、渠道的区域分布和渠道的覆盖率等。

- **品牌策略：**竞争对手品牌的传播策略，如广告投入宣传、展示陈列方式、品牌形象，以及消费者对竞争对手品牌的认知度和忠诚度。

- **服务策略：**竞争对手的售前和售后服务、服务质量、服务模式和服务承诺等。

- **市场策略：**竞争对手的市场占有率、利润、销售额，市场的推广策略，重点市场等。

- **人力资源策略：**竞争对手对人力资源的管理策略，如教育培训、人才激励和规章制度等。

以上信息，有的需要通过市场调查和消费者调研的方式获取，有的则要通过实地考察、同行交流以及网络查询的方式取得。

进行竞争对手分析，可借助竞争对手调查和分析表，如表 7-1 所示为竞争对手调查和分析表示例，具体使用时可根据需要增减表格中的调研项目。

表 7-1　竞争对手调查和分析表示例

调查人		部门		日期	
一、基本信息					
公司名称					
注册地址		注册资金			
成立时间		法人代表			
企业性质		上年度营业总额			
员工人数		经营范围			
联系人		联系方式			
二、营销情况					
产品名称		品牌概率			
产品种类		产品性能			
产品占有率		产品品质			
产品价格		消费者评价			
销售渠道地域分布		销售网络数量			
销售渠道的实力		销售渠道服务能力			
对销售渠道的支持		重点客户			
广告宣传方式		广告宣传渗透情况			
广告宣传投入		广告宣传效果			
促销方式和策略		营销人员培训			
售后服务水平		服务评价			
三、营销动态					
重大事件或调整	（如新产品发布、产品研发、营销调整等）				
媒体报道					

续表

市场环境变化	
四、对比分析	
产品对比分析	
品牌对比分析	
价格对比分析	
渠道对比分析	
广告对比分析	
促销对比分析	
人员素质对比分析	
服务对比分析	
投入对比分析	（如人力资源培训投入、市场调研投入等）

7.2.2 如何做好竞争对手分析

不同企业有各自的特性，所面对的竞争对手也并不相同，在进行竞争对手分析时，应有针对性地选取和搜集数据信息。以网站和酒店为例，分析的要素会不同。如对网站而言，一般会从以下方面来分析竞争对手。

◆ 网站的域名和服务器的注册时间。

◆ 网站的收录数量、权重、排名。

◆ 网站的用户数量。

◆ 网站的推广策略和关键词。

◆ 网站的流量来源、大小和趋势。

◆ 网站的变化情况。

◆ 网站的外链。

◆ 网站的特色功能等。

对酒店而言，则会从以下方面来分析竞争对手。

◆ 酒店的星级（同星级酒店更具有可比性）。

◆ 酒店的定位。

◆ 酒店的地理位置。

◆ 酒店的客房数、场地面积。

◆ 酒店所提供的服务和设备设施。

◆ 酒店的客源构成。

◆ 酒店客房的价格水平。

◆ 客户对酒店的服务质量评分。

从以上内容可以看出，企业在进行竞争分析时应结合本行业的特点来选取合适的分析指标。分析过程中可以对竞争对手评分，然后结合评分表对竞争对手进行排序，如表 7-2 所示。

表 7-2　竞争对手评分表示例

评分项	权重	评分			
		优	良	中	差
市场占有率					
产品竞争力					
品牌竞争力					
服务竞争力					
……					
总分					

上表可根据需要修改评分项，结合表格分别计算出 A 竞争公司、B 竞争公司的竞争力大小，然后按照对本企业的影响程度和重要性排序。另外，也可制作竞争对手比较表，能够更直观地比较竞争对手的优劣势，如表 7-3 所示为网站竞争对手比较表示例。

表 7-3　网站竞争对手比较表示例

名称	用户数量	网站收录	服务满意度	……	对本网站的重要程度
本网站					
竞争对手					
A 对手					极高
B 对手					高
C 对手					中
……					

7.2.3　主要竞争对手分析如何撰写

在商业计划书竞争分析内容中，要能够回答以下问题：

① 公司的主要竞争对手是谁。

② 主要竞争对手的经营状况。

结合以上问题，在商业计划书中可罗列本企业的主要竞争对手，并描述每个竞争对手的业务方向和侧重点，让投资人了解本企业所处的竞争环境，如下所示为某酒店用品公司商业计划书中分析主要竞争对手的内容。

实例分析　×× 酒店用品公司商业计划书主要竞争对手分析

第五部分 竞争分析

一、主要竞争对手

本项目主要竞争对手为 ×××、×××、××、×××××。

1.×× 市 ××× 酒店供应股份有限公司

×× 市 ××× 酒店供应股份有限公司成立于 1999 年 4 月 27

日，注册资金 2000 万元，是一家专业从事酒店设备及用品一站式综合供应的公司。

×××成立至今，一直贯彻"全球酒店用品专家"这一经营理念，以"汇集世界精品，服务全球酒店"的经营定位，本着"为您提供省时、省力、省钱、省心"的服务宗旨，以提供"平、靓、正、实、齐全"的产品为方针，经十多年行业经验的积累，使公司能够以量大而取胜。在价格方面，同行业、同品牌、同品质的产品中，以 10%～15% 的价格优势为酒店供应成套餐饮及客房设备用品、布草及易耗品、陶瓷餐具、制冷设备、厨房用具、刀叉、酒店家私及宴会餐台椅、玻璃器皿、大堂用品、酒店制服、酒店窗帘及地毯、客房灯饰、户外休闲家私等 28 万种酒店系列设备用品。

2.××市×××酒店设备用品有限公司

××市×××酒店设备用品有限公司，位于×××××，成立于 1986 年，注册资金 2 亿元，是一家专业为星级酒店提供各类酒店用品综合配套服务的大型酒店供应商。经过二十多年的发展，公司总资产已达 5.5 亿元，年销售额超过 4.5 亿元，年净利润 5000 多万元。已连续三年被评为××市纳税大户，为××省百强企业之一。

×××致力于以优良的产品品质及完善的售后服务体系为各大星级酒店，包括筹建中的星级酒店提供"一站式采购"服务。旗下子公司有××××酒店用品公司、××厨具商场、××××厨具有限公司、××酒店文化产业园等。其中，××酒店文化产业园处在××××商圈区，是××公司投资 3 亿元人民币利用自有物业兴建的以酒店文化为主题的产业园。园区内业界众多知名企业及机构汇聚一堂，形成了完善的酒店用品行业生态链。

......

3.××

××是餐饮行业的设备用品供应商。在餐饮设备行业领域中，××集研究开发、生产制造、市场推广、网络经营和售后服务于一体，覆盖整个餐饮设备用品系列，有多年的行业经验。

　　结合本企业系统资源的持续建设，围绕"销售"与"服务"这两大主题，确定了"满足客户的核心需求，持续保持成本、品质、技术的竞争优势"的市场经营策略。

　　4.×××××酒店用品有限公司

　　×××××酒店用品有限公司，是×××××××股份有限公司（×××××××）下属的全资控股公司，×××××酒店用品有限公司致力于成为酒店与餐饮客户首选解决方案的服务提供者。

　　×××××酒店用品有限公司（××）现在××拥有两万平方米的一站式购物大卖场及十余家分布于上海各区的分销门店。随着中国餐饮行业的快速蓬勃发展及人们对食品卫生安全的关注度日益提高，公司将陆续在全国各大经济中心城市成立××××酒店用品连锁大卖场，为客户提供专业的解决方案及安全、节能、环保的产品，努力成为酒店餐饮客户的首选供应商。

　　二、竞争策略

　　基于对竞争对手的详尽分析，发现酒店设备用品行业的公司通常是先从细分市场的应用解决方案入手再逐步拓展，因此×××制定竞争策略如下：

　　1.品牌策略

　　……

　　2.推广策略

　　……

　　3.价格策略

　　……

　　4.消费群体定位

　　……

　　5.产品策略

　　……

在商业计划书中介绍主要竞争对手，一般只需分析 3～5 个竞争对手即可。上述范例有针对性地分析了 4 个主要竞争对手，介绍了竞争对手的经营定位和发展状况等。详细描述主要竞争对手后，再说明面对竞争企业会采取哪些策略。这样撰写的好处在于，能让投资人看到企业不仅了解对手，而且根据市场竞争环境制定了合适的策略。

范例在介绍主要竞争对手时，并没有贬低竞争对手，贬低竞争对手只会让投资人降低对企业的评价，客观地对竞争对手进行分析才是可取的。

初创公司在竞争中可能并不占据优势，因此，在商业计划书中可能会避谈主要竞争对手，这并不是好做法。创业者应该让投资人看到，企业并不害怕竞争对手，同时，也不会轻视竞争对手。

在对主要竞争对手进行分析时，可以采用表格的形式进行说明，明确关键竞争因素，然后制定相应的竞争策略，如表 7-4 所示。

表 7-4　关键竞争因素策略

项目	竞争者状况	本企业情况	相对于竞争者		策略
			优势	劣势	
价格					
品牌					
推广					
产品					
……					

在商业计划书 PPT 中介绍主要竞争对手时，也可采用表格形式。用表格来强调竞争对手之间的对比，能够提升阅读的效率，如图 7-1 所示为某音响项目商业计划书 PPT 中竞争分析内容。

图 7-1 某音响项目商业计划书 PPT 竞争分析

7.2.4 现有和潜在竞争者分析

以现有和潜在竞争者分析为写作要点，是撰写商业计划书竞争分析的一种思路。如下所示为某第三方物流公司商业计划书中关于现有和潜在竞争者分析的内容。

实例分析 ×× 第三方物流公司商业计划书现有和潜在竞争者分析

5.1 现有和潜在竞争者分析

5.1.1 现有竞争者分析

现有第四方物流竞争者主要分为三类：

IT 咨询公司

传统物流信息网　　现有竞争者　　供应链管理企业

一是传统的物流信息网，例如 ××× 物流网、×× 物流网等。这些网站虽有广泛的客户群体，但只能为其客户提供物流信息的简单查询和车辆的 GPS 追踪等服务，难以满足第三方物流企业的数据处理、

货物追踪、信息交易等全方位的信息化需求，对托运客户不能提供全方位的保障与支持。而我公司将在完善物流信息查询的基础上，为客户提供企业数据处理、货物信息管理、信息交易等服务，做到真正的全方位第四方物流服务。

下表将我公司与传统物流信息网的相关信息做了一个较为全面的比较：

项目	第三方服务网络有限公司	传统物流信息网
服务项目内容	物流管理平台、物流信息平台、方案评估与再设计、物流软件开发和物流供应链服务等	物流信息，GPS服务
管理水平	使用科学化、程序化、自动化的现代管理，使用网络信息平台为客户服务	效率低下
信息化水平	采用先进的计算机辅助管理功能、现代高速宽带网络、现代数据库技术、现代电子商务技术	功能单一，可持续性不强
服务费用	低廉	较高

二是新型的供应链管理企业，这些企业又分为两种：第一种是已在第三方物流领域做得相当出色的大型物流企业，他们积极拓展自己的业务，不仅以经营第三方物流为主业，也根据他们长期积累的物流业务经验开始从事供应链管理的活动，这样的企业有：××的××× 等；第二种是刚开始步入供应链管理的创业公司，此类公司的创业理念较新，但难以对自己的业务进行有效的拓展，造成国内没有一个家喻户晓的、专业的供应链管理企业。

对于前者所提到的大型物流公司，一般是在现有第三方物流公司的基础上建立物流咨询子公司，主要为其母物流公司服务，或是由几家大型公司合资建立，主要为其投资人寻找产品买家以及产品运输服务。

从中不难看出，这些物流咨询公司的服务面狭窄，难以获得行业效益。而且这些物流咨询公司一般收费较高，是一些第三方物流公司难以承受的，这也为其服务领域和企业效益带来了一定的壁垒。

附：中国物流咨询公司收费概况（略）

而后者虽与我们有直接的竞争关系，但由于地域、社会环境等条件难以对我公司形成较强的竞争力。出现这样的原因主要是他们太追求供应链的管理而忽视信息化对整个物流资源的统一优化配置的功效，所以难以形成具有较大规模的供应链管理企业。

三是各类 IT 服务提供商、企业应用软件设计开发公司，业务主要涉及企业内部的管理信息系统，但不及我们的云物流服务成本低、信息透明，目前在××市还没有与我们业务相同或类似的公司。

综上所述，××省本地的物流咨询业的现有竞争环境并不是十分恶劣，这对我公司的发展十分有利。

5.1.2　潜在的行业进入者分析

随着中国物流行业的逐渐繁荣与发展，第四方物流的提供商将逐渐扩展，其主要来自以下两个领域：（1）已经实施信息化战略的大型第三方物流企业；（2）某些粗具规模的咨询企业，正积极地拓展业务，开始延伸到物流领域。

前者通过发挥内部规模经济的优势，真正的低成本运作，实现最大范围的资源整合，为客户提供最佳物流服务，进而形成最优物流方案或供应链管理方案，对中小型第三方物流企业构成威胁，由于竞争的加剧导致一部分第三方物流企业的淘汰从而使本公司业务量下降。这类企业对于小订单、小量货物运输因为成本问题，不会纳入经营范围，就目前××省的发展，大型第三方物流企业的优势不会压倒为数众多的中小型第三方物流企业以及个体货运车主，中小型第三方物流企业在××省起着举足轻重的作用，我们的云物流服务将会有很大的市场需求。

后者虽有较为丰富的企业咨询经验但大多只是生产型企业，而物流这一行业显然与生产型企业大为不同，将传统的 ERP 应用于物流企业不仅会造成资源的浪费而且会造成物流企业的"水土不服"，所以难以有针对性地解决物流企业的信息化问题，而且他们的收费标准是中小型第三方物流企业难以接受的，也不利于物流信息化水平的整体推进。

上述范例在商业计划书中对现有竞争者和潜在竞争者做了分析，比较了本企业与现有竞争者和潜在竞争者之间的差异，说明了企业所具有的市场机会，也展示了项目的可行性。

在内容表现方式上，范例使用了图示和表格，避免全篇的文字使商业计划书阅读起来比较枯燥，同时，图示和表格的表现形式也能更加直观与明确地表达内容。

对现有和潜在竞争者进行分析时，收集竞争对手信息是很重要的一项工作，竞争对手信息收集有以下途径。

① 竞争对手发布的季度、年度报告。

② 竞争对手的宣传画册、内部杂志和报纸等。

③ 竞争对手官方网站。

④ 行业出版物，如行业研究报告、行业市场调查报告等。

⑤ 竞争对手企业管理者发布的论文、演讲等。

⑥ 本企业销售人员、市场专员提供的竞争对手信息。

⑦ 竞争对手供应商和客户提供的信息。

在商业计划书 PPT 中，对于现有和潜在竞争者的分析，只需说明现有和潜在竞争对手有哪些，以及他们的特点即可，如图 7-2 所示为某篮球服饰运动潮牌商业计划书 PPT 中关于现有和潜在竞争对手分析的内容。

图 7-2　某篮球服饰运动潮牌商业计划书 PPT 现有和潜在竞争对手分析

7.3　自身优劣势分析

好的商业计划书能帮助创业者赢得合作，在撰写商业计划书时，突出竞争力，让投资人看到自身所具备的优势，更容易打动对方。当然，企业和产品也会存在一些劣势，如资金短缺、市场紧缩等，对企业和产品的劣势也有必要说明，这对公司未来发展有重大意义。

7.3.1　SWOT 分析法

对自身优劣势进行分析，比较常用的方法是 SWOT 分析法。SWOT 分析法是一种科学的分析方法，包含四大要素，分别是优势（Strength）、劣势（Weakness）、机会（Opportunity）和威胁（Threats）。其中优势和劣势为内部要素，机会和威胁为外部要素。

SWOT 分析法将内部和外部环境有机地结合了起来，如图 7-3 所示为 SWOT 分析模型。

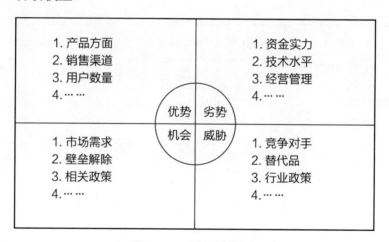

图 7-3　SWOT 分析模型

利用 SWOT 分析法可以了解对自身有利或不利的因素，从而发现问题并提出正确的应对战略。在进行 SWOT 分析时，可以分为两部分进行，即 SW 和 OT。SW 用于分析内部环境，OT 用于分析外部环境。可先利用各种调查研究方法分析出内部和外部的环境因素。

- **优势**：从企业内部环境来看，优势可能是良好的企业形象、新颖的产品、领先的技术、市场份额和成本优势等。

- **劣势**：劣势是自身存在的消极因素，如资金不足、知名度不高、缺少关键技术、设备老化、缺乏管理经验等。

- **机会**：机会是有利的外部因素，如市场容量大、政策支持、竞争对手失误、消费人群多和行业发展潜力大等。

- **威胁**：外部环境的不利因素会对企业带来威胁，如竞争激励、新的竞争对手、市场紧缩、替代品发展迅速和产品更新换代快等。

分析了优势、劣势、机会和威胁后，再构建 SWOT 矩阵。在 SWOT 矩阵中，按照各种因素的影响程度来排序，重要的、迫切的影响因素靠前排列，后面排列次要的、短暂的影响因素。

构建好 SWOT 矩阵后，还可根据矩阵制定相应的策略，基本思路是发挥优势，克服劣势，利用机会，化解威胁，如图 7-4 所示为 SWOT 矩阵分析模型示例。

内部环境／外部环境	优势（Strength）	劣势（Weakness）
	1. 2. 3. 4.	1. 2. 3. 4.
机会（Opportunity）	SO 战略——××战略	WO 战略——××战略
1. 2. 3. 4.	1. 2. 3. 4.	1. 2. 3. 4.
威胁（Threats）	ST 战略——××战略	WT 战略——××战略
1. 2. 3.	1. 2. 3.	1. 2. 3.

图 7-4　SWOT 矩阵分析模型示例

7.3.2　商业计划书 SWOT 分析说明

在商业计划书中可利用 SWOT 分析法来阐述自身的优势、劣势、机会和威胁，如下所示为某厨房网项目商业计划书中关于 SWOT 分析的内容。

 ××厨房网项目商业计划书 SWOT 分析

第五章：投资分析与管理

1. 项目投资 SWOT 分析

本分析包括由市场机会和环境威胁构成的外部环境分析（OT 分析）和由公司优势和劣势构成的内部环境分析（SW 分析）两个部分。

外部环境分析是从××厨房网项目本身建设时机的合宜性、迫切性来判断项目建设的意义，此分析的重点在于项目的功能、定位是否符合市场发展需要，不太注重开展此项目的企业的条件如何。我们简单列举××厨房网项目的 OT 分析如下：

外部环境分析
机会（Opportunity）
市场机会：人们对在家饮食观念的重视带来对厨房用品购买的增加
行业机会：电子商务业务支持体系的日渐完善（包括搜索、物流、比较购物等）
渠道机会：消费者对更便利、更省钱的网络购物渠道的愈加青睐
政策机会：政府对电子商务企业发展的政策性支持
威胁（Threats）
市场威胁：大量中小厨具生产企业通过网购市场铺设自己的销售渠道，势必对以大规模投资铺设线下销售渠道的规模、品牌厨房用品制造商的市场份额进行挤压
行业威胁：随着越来越多的厨具、家电企业将目光投向厨卫家电和整体橱柜行业，厨具、橱柜市场的竞争将日益加大，制造商和厂家的利润空间将被极大压缩

渠道威胁：××、××等大型销售商对制造商企业传统销售渠道的控制、影响使制造商的利润空间受到挤压。而网络购物所代表的电子商务行业对于商品价格的极度敏感也将对商品的价格战推波助澜，从而进一步压缩制造商企业的利润空间

经济威胁：融入国际经济秩序的我国经济将呈现越来越明显的波动性，这也要求企业发展尽可能多的业务模式应对经济的起伏波动，而单一的制造商角色和大规模的线下渠道投入将影响企业调整变化的灵活性

......

结合××集团的经营现状，并围绕该项目，我们列举的"××"厨房网项目的 SW 分析如下：

内部环境分析
优势（Strength）
行业优势：对于厨房用品行业丰富的产品经验和市场了解
品牌优势：××在厨具设备领域的品牌号召力可进行强力辐射
管理优势：××高水平的产品质量管理、集团业务管理模式可成为"××"项目的重要借鉴
渠道优势：××现有的销售渠道可以为"××"项目提供强大的服务支撑
资金优势："××"厨房网项目对于投资规模有一定的门槛要求，而××满足这一要求
劣势（Weakness）
新行业劣势：电子商务作为新经济模式，××在此行业涉足不深，经验有限
渠道劣势：现有渠道对于电子商务的来临面临着变革的需要，调整成本或许巨大
人才劣势：××尚未积累懂得电子商务、精熟电子商务操作的技术、销售、管理人才
产品劣势：××现有的产品定位高端，未来开展多层次产品定位或有冲突

SWOT 分析的关键目的是通过评价公司、项目的资源能力和机遇挑战来警醒两个问题：（1）在现有内外部环境条件下，公司如何

最优地利用自己的资源；（2）如何建立公司的未来资源。为对这两个问题进行有效解答，我们结合 SWOT 矩阵，来研究 ×× 厨房网项目的 4 种发展战略。

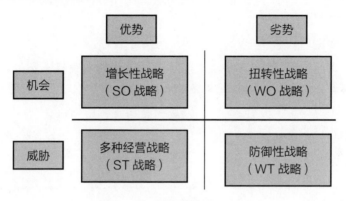

图　SWOT 矩阵

增长性战略（SO 战略）：该战略综合考虑项目机会和公司优势，其目的是利用公司的优势最大可能地把握机会。对于 ×× 厨房网项目，SO 战略的具体内容有：

①利用 ×× 厨房用品行业经验和产品质量管理优势，通过 ×× 厨房网平台为消费者提供最便利、最实惠的厨房用品购买服务，把握市场机会。

……

多种经营战略（ST 战略）：该战略集中应对如何利用公司的优势来避免公司发展所面临的潜在威胁。ST 战略的具体内容有：

①利用 ×× 集团的品牌号召力和资金优势强力进入厨房用品网购市场，通过建立网购厨房用品的品质标准来应对其他厨具制造商的市场堵截。

……

扭转性战略（WO 战略）：该战略集中于分析如何尽力减少公司劣势可能对把握机会造成的障碍。针对 ×× 厨房网项目，可采取的 WO 战略有：

① 厘清××的电子商务发展思路，建立清晰的业务模式，以为顾客提供优质网络购物服务为导向，以网购市场占有率为营销目标，点滴完善××网站业务功能，以××素有的创新精神减少其电商发展的后发劣势。

……

防御性战略（WT战略）：该战略重点探讨如何避免公司的劣势对潜在威胁的放大作用。××的WT战略有：

① 通过××网站延伸××的产品销售渠道，避免市场缺失带来份额减少威胁。

……

点评分析

上述商业计划书运用SWOT分析法来分析网站项目所面对的环境因素，并结合外部和内部的环境分析制定了4种发展战略，分别是增长性战略（SO战略）、多种经营战略（ST战略）、扭转性战略（WO战略）和防御性战略（WT战略）。范例深刻剖析了项目的优势与劣势、机会与威胁，并将其一一列举出来，然后依照矩阵形式说明了制定的发展战略。

在商业计划书中运用SWOT分析法时，有以下要点需注意。

① 避免将SWOT分析法复杂化，在商业计划书中应让SWOT分析的内容简洁易懂。

② 在对企业或项目进行SWOT分析时，应客观地分析自身的优劣势。

③ 尽可能全面地考虑各环境因素。

④ 注意区分企业或项目目前的现状与未来的机会。

⑤ 可以结合与竞争对手的比较来做SWOT分析。

7.3.3　自身竞争优势阐述

企业会面对很多竞争对手，那么项目的优势有什么？有哪些特别的核心竞争优势呢？这是投资人比较看重的。每个企业所具备的竞争优势都是不同的，如资源、专有技术、经营特许和客户群等。进行竞争优势分析时，首先要了解竞争对手，通过与竞争对手的比较来明确自身的核心竞争优势，可以运用雷达图辅助分析。借助雷达图来体现自身优势要素，以反映哪一要素是核心优势，如图 7-5 所示。

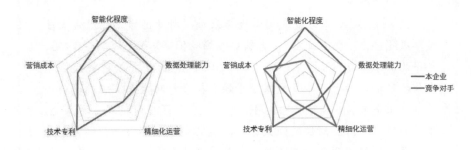

图 7-5　雷达图分析竞争优势

结合上图可以判断，企业在智能化程度、数据处理能力和技术专利方面具备核心竞争优势。竞争优势能为企业创造他人无可取代的地位，可从以下方面来思考和分析。

◆ **生产销售**：从生产和销售环节来分析企业所具有的竞争优势，如加工、生产设备、渠道、销售队伍、物流、营销玩法、售后服务、仓储和库存控制等。

◆ **产品方面**：从产品的功能、品质、设计、包装、价格、知名度和创造力等方面来分析。

◆ **研究开发**：从研究开发所具备的技术方面来分析，如核心技术专利、技术成分、专业研发团队和领先的科技等。

◆ **经营管理**：从管理经验、制度和人力资源方面来分析，如运营能力、管理水平和行政流程等。

◆ **价格成本**：从价格竞争的角度来分析，主要是综合成本优势，如制造成本低、优惠政策、成本管理规范和自动化程度高等。

下面以某农业项目商业计划书为例，来了解 Word 版本的商业计划书中关于竞争优势的内容。

实例分析 ××农业项目商业计划书竞争优势分析

第三部分 竞争优势

1. 区位优势

××省××市地处我国黄金玉米带，所处区域属北温带大陆性季风气候，又地处山区，受自然灾害影响低，全年平均气温 3.4℃，年平均降水量 708.8 毫米，无霜期 120～130 天。早晚温差大利于农作物聚糖，由于冬季气候寒冷干燥，粮食作物病虫害少。境内松花江、牡丹江水系贯穿其中，河流众多。农业区在松花江上游高处，充沛的降水和河流泄洪的强大能力，能够有效地抵御洪涝灾害。独特的区域优势为鲜食黏玉米的种植创造了诸多有利条件，种植的鲜食黏玉米在全国属上乘之品。××市甜糯玉米种植面积达到 4500 公顷，种植户近 3000 户，独特的区域优势为发展新型鲜食黏玉米种植，创造了诸多有利条件。

……

2. 技术性优势

公司鲜食黏玉米的特点为皮薄、肉厚，黏甜香溢，让人回味无穷，其胚乳淀粉主要为支链淀粉，黏玉米含有人体所必需的各种营养成分，赖氨酸、谷氨酸、蛋白质、维生素及钙、铁等矿质元素，含量都非常高，具有极高的营养价值，黏玉米还有降低××，预防×× 等作用。在 20××年兴建新厂过程中，公司新购入国内先进的生产加工机械设备，采用成熟的生产加工工艺，实行科学化的管理方法和规范化的种植技术。

（1）优良品种

……

（2）科学的田间管理

……

（3）目的：种子籽粒大小一致分等，播种时确保苗齐，防治地下害虫。

（4）基地选择

......

（5）基地管理

......

（6）计划采收

......

3. 土地流转优势

20××年公司实现总种植面积为1000公顷，其中661公顷土地为20××年年初公司通过土地流转，获得的12年使用权，339公顷土地为与农户签署种植、回购协议模式。公司对661公顷土地进行统一式的科学化种植、管理、采摘及回收，既降低了黏玉米的生产成本，又使黏玉米的质量及产量得到了提升和保证。

......

公司计划流转的土地紧邻高速引线，为××市城市规划中新城建设的发展区块。目前，公司已签完协议（未付款）的55公顷草莓种植基地已经转化为一般用地。土地本身的升值空间从长期来看甚至会超过主营业务带来的净利润。

但是，土地流转战略投资的特点就是周期长、投入大。核心要素在于长时间地流转升值，真空期之内能产生稳定增值收益。而公司长期的种植经验、成熟的项目、独特的区位优势及当地渠道资源和管理优势，恰恰能够保证在此期间的收益稳定上升。

4. 人力资源优势

......

用工难、劳动力少也成为其他企业和普通农户发展此类项目最大的门槛。

农民传统上会考虑单一项目短期临时用工收入不稳定，而我公司利用了大量的土地流转，释放了大量劳动力。公司项目分布在一年四季，农民通过合作社在项目上劳作，可获得全年稳定收益。

......

在不离家的情况下收入大幅增长，自然增加了农民的劳动意愿，解决了用工难问题。

5. 仓储优势

公司拥有同行业全国速冻能力第×（400吨/日），仓储冷库第×（20000吨）的储藏优势。公司发展的草莓、蔬菜、洋菇娘等经济作物快速消费品项目，可以充分利用。在北方，上述反季节作物最大的风险为因风雪、霜冻等因素导致道路封闭，产品变质无法投入市场。而我公司冷冻冷藏优势全国领先。产品可以在冷藏仓储状态下保存（草莓）10～（洋菇娘）150天。可以有效抵御上述风险。此为其他同类企业和普通种植户无法比拟的。

总之，农业项目的特点是门槛高、风险大、周期长。公司恰恰能利用上述的独特资源，依托当地牢固的根基，以及领先的行业地位进一步进行当地资源整合，通过并购其他小工厂，扩大生产能力及产业规模。进一步进行土地流转，带来更大更长久的成长空间。

点评分析

上述范例从区位、技术性、土地流转、人力资源和仓储5个方面来阐述企业所具备的竞争优势。在竞争优势的阐述中，结合了农业项目自身的特点，充分体现了企业的核心竞争力，也从侧面反映企业对本行业有客观认识和深刻了解。

该商业计划书对企业竞争优势的介绍是客观且具体的，因此，可信度较高。而如果对竞争优势的阐述只是泛泛而谈，过于简单，则会缺乏说服力，如以下示例内容。

（一）区位优势

公司所处的位置在供水、供电等方式具有能源配套优势，另外，区域内有众多具有分工合作关系的不同规模等级的企业，能够发挥产业集群效应，这些都使公司具有独特的竞争优势。

同样是阐述区位优势，范例拿出了具体的依据来说明为什么该区位具备优势，显然更具说服力。而上述示例并没有说明企业在哪一区位，也没有事实依据来支撑企业具有独特竞争优势这一结论。

在商业计划书中阐述竞争优势时，一定要注意说服力，没有细节的竞争优势阐述很难让投资人相信。在该部分内容中可以给出具有可信度的证据，如真实数据、资质文件、合格相关证明等，以让人信服。

在商业计划书 PPT 中撰写竞争优势分析内容时，建议和竞争对手分析内容相结合，先分析竞争对手的优劣势，然后说明自身优势，如下所示为某无人货架项目商业计划书 PPT 中关于竞争优势分析的内容。

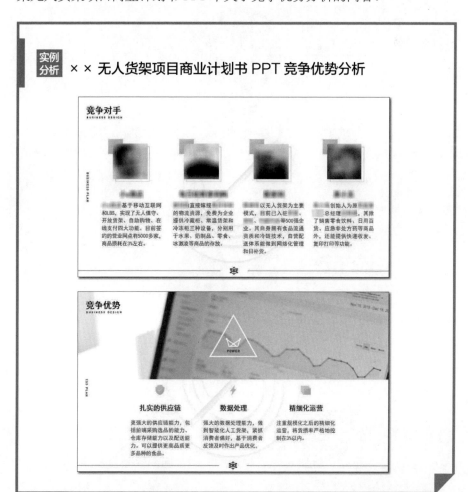

**点评分析**

　　该商业计划书 PPT 正是按照先比较竞争对手，后阐述自身竞争优势的顺序来书写的。相比只介绍竞争对手，或者只阐述竞争优势，这一撰写方式更能体现企业的差异化。

　　在商业计划书 PPT 中，关于竞争对手和竞争优势分析的内容不必书写得过于复杂，应尽量简洁化。可采用表格、递进图示、总分图示等表现形式，既可以增加文本的可读性，也能让内容更有趣味性，如图 7-6 所示。

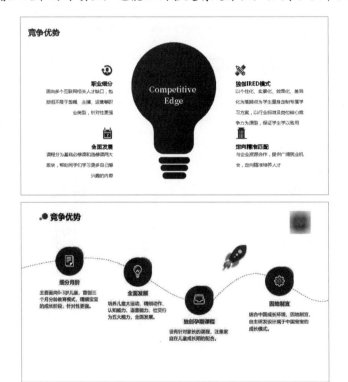

图 7-6　商业计划书 PPT 竞争优势表现形式

扫码做习题　　　　　　　　　　　扫码看答案

第8章　财务规划与风险规避

商业计划书因自身融资阶段、使用目的的不同，在内容详略的安排上会存在差异，这在本部分中体现得更加充分。如果商业计划书是给内部成员、达成合作意向的合伙人看的，那么本部分内容就需要阐述得比较详细，如果只是用于找寻初步有意向的投资人，就不需要太过详尽。

财务基础数据
财务报表数据
财务指标数据
财务报表分析预测

扫码获取本章课件

8.1 财务相关数据分析

财务分析对于了解企业的历史、评价现状和预测未来具有重要作用。要分析和判断企业各方面的能力，也需要对企业的财务状况进行分析，在分析过程中会用到财务数据及报表。

8.1.1 财务基础数据

企业的财务数据一般来源于财务报表、董事报告、管理分析及财务情况说明书，主要的财务基础数据有以下方面。

（1）资产

资产是能够用货币计算，可以给企业带来经济利益的经济资源。资产有不同的分类，按照流动性可分为流动资产、长期投资、固定资产、无形资产和其他资产；按照是否有实体形态可分为有形资产和无形资产。资产具有以下三大特征。

① 资产是由过去的交易或者事项形成的。

② 预期能够给企业带来经济利益。

③ 是企业拥有或者控制的。

对于新成立的公司来说，财务报表中的数据较少，资产所涉及的科目也不多，一般只需列明资产总额以及重大资产情况即可。

（2）负债

负债是指由企业过去的交易或者事项形成的，预期会导致经济利益流出的现时义务。从其概念可以看出，负债具有以下特征。

① 负债是由过去的交易或者事项形成的。

② 是企业需要承担的现时义务。

③ 清偿负债会导致企业经济利益的流出。

初创期的企业由于前期投入较大，因此，常常具有高负债率的特点。负债包括长期负债和短期负债，按类型可分为短期借款、应付账款和应付职工薪酬等。

（3）权益

在财务会计中，权益是指所有者权益。所有者权益是企业资产扣除负债后，由所有者享有的剩余权益。用公式表示为：所有者权益＝资产－负债。

为了更清晰地表明所有者权益的组成部分和当期的增减变动，在商业计划书中，有时需要展示所有者权益变动表。所有者权益包括实收资本、资本公积、盈余公积和未分配利润。

（4）收入

收入是企业在日常活动中形成的、会导致所有者权益增加的、与所有者投入资本无关的经济利益的总流入。在商业计划书中，对收入的预测在很大程度上会影响投资人对项目的评价。按经营业务所占的比重，收入可分为主营业务收入和其他业务收入；按照交易性质，可分为销售商品、提供劳务、让渡资产使用权取得的收入。

（5）费用

费用是指企业在日常活动中发生的、会导致所有者权益减少的、与向所有者分配利润无关的经济利益的总流出。费用按功能可分为营业成本和期间费用，可用于说明项目开支的大体去向，比如某公司商业计划书中针对管理费用有如表 8-1 所示的计划。

表 8-1　××公司管理费用计划（单位：万元人民币）

指标	20××年	20××年	20××年	20××年
工资福利	60	120	180	240
办公费用	50	60	80	100
设备折旧	10	50	150	200
社会保险	12	24	36	48
律师/会计师费	60	100	200	300
研发费用	30	50	70	90
其 他	20	100	150	200
合 计	242	504	866	1178

（6）利润

利润是指企业在一定会计期间的经营成果，包括收入减去费用后的净额、直接计入当期利润的利得和损失等。利润可以反映项目的经营效益，是十分重要的财务指标。

8.1.2　财务报表数据

财务报表是反映企业一定时期内资金、利润状况的会计报表，在会计上有三大财务报表，分别是资产负债表、损益表和现金流量表。这三大财务报表分别具有以下作用。

◆ **资产负债表**：是反映企业在一定时期内财务状况的会计报表。资产负债表利用会计平衡原则进行编制，按照资产、负债和所有者权益分类分项列示。能揭示企业的资产规模和分布结构，同时还可用于评价企业的盈利能力、偿债能力，预测企业绩效，通过资产负债表可以快速了解企业的经营状况。

◆ **损益表**：是反映企业在一定时期内收入、支出及净收益的会计报表。损益表可以用于评价企业当期经营活动的效率和成果，通过分析损益表能了解企业的获利能力，对未来现金流量进行预测。投资人在了解一个企业时，不仅重视财务状况，而且关注企业未来的获利能力。

◆ **现金流量表**：是反映企业在一定时期内现金增减变动的会计报表。现金流量表可以反映企业在一定时期内现金流入和流出的动态，通过分析现金流量表可以评价企业的偿债能力、支付能力，预测企业未来获取现金的能力。可以说，现金流量表提供了企业经营是否健康的证据。

对于 Word 形式的商业计划书来说，在财务分析部分可以直接附上详细的报表，另外，也可用附表形式提供相关报表。

8.1.3　财务指标数据

分析和评价企业的财务状况和经营成果，会用到各种财务指标。在财务分析中，有三大重要的财务指标，包括偿债能力指标、营运能力指标和盈利能力指标。

（1）偿债能力指标

偿债能力指标包含短期偿债能力指标和长期偿债能力指标。常用的短期偿债能力指标有流动比率、速动比率、现金比率和现金流动负债比率，各指标的计算公式如下。

$$流动比率 = 流动资产 \div 流动负债$$

$$速动比率 = 速动资产 \div 流动负债$$

$$现金比率 = （货币资金 + 有价证券）\div 流动负债$$

$$现金流动负债比率 = 年经营现金净流量 \div 年末流动负债 \times 100\%$$

其中，流动比率越高，说明短期偿债能力越强，一般认为流动比率要在 2：1 以上。但还要考虑企业的经营性质，不同企业对资产流动性的要求是不同的。

从上述公式可以看出，速动比率是速动资产与流动负债的比率，速动资产是流动资产减去存货和预付费用后的余额。一般认为，速动比率应为 1，若低于 1，则短期偿债能力偏低。但行业不同对速动比率的要求会不同，并没有统一标准。

现金比率能反映企业的即时付现能力，因此，现金比率也被称为变现比率。该比率越高，说明变现能力越强，但如果现金比率过高，则表明流动资产未得到合理利用。

通常情况下，企业经营状况越好，现金流动负债比率就会越大，如果该比率大于 1，说明流动负债的偿还有可靠保证。但如果现金流动负债比率过大，则说明企业流动资金利用得不够充分。

常用的长期偿债能力指标有资产负债率、产权比率、利息保障倍数，各指标的计算公式如下。

$$资产负债率 = 总负债 \div 总资产 \times 100\%$$

$$产权比率 = 总负债 \div 股东权益$$

$$利息保障倍数 = （净利润 + 利息费用 + 所得税费用）\div 利息费用$$

在以上指标中，资产负债率是用于评价企业负债水平的综合指标。资产负债率需保持一定水平，不能过高，也不能太低，一般在 40% ~ 60%。立场不同，对资产负债率的看法也不同。

◆ 债权人一般希望资产负债率越低越好，因为资产负债率越低，表明以负债取得的资产越少，企业偿债有保证。

◆ 对投资人来说，当全部资本利润率高于借入资金的利息率时，更希望资产负债率越高越好，否则反之。

◆ 对经营者来说，举债经营是扩大生产的一种方式，这对企业发展是有利的，但也要考虑财务风险。因此，经营者往往希望资产负债率稍高，但也不能过高。

在股份制企业中，产权比率能够反映企业的资本结构是否合理、稳定，该比率越高，说明企业偿还长期债务的能力越弱，反之则越强。

利息保障倍数又被称为已获利息倍数，其中，净利润 + 利息费用 + 所得税费用为企业息税前利润，比率越高，则企业长期偿债能力越强。企业要维持正常的偿债能力，该比率至少应大于 1。

（2）营运能力指标

衡量营运能力的指标主要是资产周转的速度，一般用周转率来表示，如总资产周转率、固定资产周转率、应收账款周转率、流动资产周转率等，各指标的计算公式如下。

总资产周转率 = 营业收入 ÷ 平均资产总额

固定资产周转率 = 营业收入 ÷ 平均固定资产

应收账款周转率 = 营业收入 ÷ 应收账款平均余额

流动资产周转率 = 营业收入 ÷ 流动资产平均余额

总资产周转率能够反映企业整体资产的营运能力，如果使用该指标来评价资产使用效率，就要结合销售利润来分析。一般情况下，总资产周转率越高，表明总资产利用效率越高。但如果总资产周转率突然上升，销售收入却没有变化，则不能说明资产利用效率得到提高。

固定资产周转率越高，说明厂房、设备等固定资产的利用率越高，管理水平越好。进行财务分析时，一般要将固定资产周转率与同行做比较，看与同行平均水平相比是偏高还是偏低。

评价应收账款周转率需要考虑企业的经营性质，不同行业的应收账款周转率会有较大差异。一般情况下，应收账款周转率比率越高，表示企业收款速度越快，反之，说明应收账款收回越慢。

流动资产周转率是评价资产利用率的重要指标，一般情况下，比率越高，表明流动资产利用率越高。

（3）盈利能力指标

能够反映企业盈利能力的指标有营业利润率、毛利率、成本费用利润率、总资产报酬率等，各指标的计算公式如下。

营业利润率 = 营业利润 ÷ 全部业务收入（商品销售额）×100%

毛利率 = 毛利 ÷ 营业收入 ×100%

成本费用利润率 = 利润总额 ÷ 成本费用总额 ×100%

总资产报酬率 = 税后利润 ÷ 总资产 ×100%

营业利润率可用于评价企业的经营效率，比率越高，表明企业的盈利能力越强，反之，则盈利能力越弱。毛利率能够反映企业在直接生产过程中的获利能力，毛利率受市场竞争、研发成本、营销目的等因素影响，毛利率越高，说明企业盈利能力越强。

企业的成本费用利润率越高，表明成本费用控制得越好，盈利能力越强。其中，成本费用总额 = 主营业务成本 + 其他业务成本 + 营业费用 + 管理费用 + 财务费用。

总资产报酬率能够反映企业全部资产的总体获利能力，指标值越高，表明企业的资产运营效率越高。净资产收益率能够衡量企业运用自有资本的效率，指标值越高，表明投资带来的收益越高。

财务分析中使用的指标不限于以上一些，在撰写商业计划书时，可根据需要合理选用，如下所示为某商业计划书中关于财务指标分析的内容，可以看出该商业计划书仅分析了偿债能力和盈利能力，选用了流动比率、运营资本周转率、权益比率、销售利润率、资产报酬率、成本费用利润率6 个指标。

10.4.6　财务指标分析

表 10-16　偿债能力

偿债能力分析		
流动比率	运营资本周转率	权益比率
7.01	1.76	86.56%
盈利能力分析		
销售利润率	资产报酬率	成本费用利润率
19.84%	21.16%	24.79%

　　公司各项财务指标如上表所示，公司的短期偿债能力和长期偿债能力都非常好，公司破产的可能性较低。公司销售利润率达到19.84%，资产报酬率为21.16%，都远高于行业平均水平，充分展现了公司不俗的盈利能力。

8.2　财务分析与预测

　　商业计划书财务分析部分的重点在于预测未来，因此，要通过合理的财务分析来预测企业未来的发展情况，从而反映项目的商业价值。注意，在进行财务分析时不能盲目预估，应以市场调查和客观数据为基础进行预测，不能凭空想象或捏造。

8.2.1　财务报表分析预测

　　对财务报表进行预测，实际上是对利润表、资产负债表和现金流量表等进行估算。根据财务分析的需要，也可在商业计划书中展示收入预测表、成本预测表、损益预测表。具体展示哪些预测表，应结合项目的经营状况和企业所处发展阶段来选择，如下所示为某太阳能项目商业计划书中关于财务报表预测的内容。

×× 太阳能项目商业计划书财务报表预测

5.5　主要假设

......

5.6　利润预测

5.6.1　利润预测表

首期投资的 2 亿元将在量产 1 年后，即 20×× 年底收回，加上设备交期和调试时间，耗时不到 2 年。根据 ×× 和 ×× 的经验，产能每扩大一倍，成本将降低 20%。该规律也部分体现在我们的利润预测中。成本降低的途径主要有如下几条：

1. 产能扩大并不需要额外厂房和土地。

2. 随着原材料购买的增加，我们可以获得更多的折扣。

3. 随着技术的革新，我们可以以更低的价格购买后续的产线。

4. 通过自主研发，不断提高合格率和质量。

单位：百万元	2009	2010	2011	2012	2013
产能（兆瓦）	6.25	50.00	100.00	200.00	400.00
成品销售单价（元/瓦）	15.76	14.18	12.60	11.03	9.45
销售额	98.47	709.07	1260.40	2205.70	3781.20
产品生产单位成本（元/瓦）	6.85	6.17	5.48	4.80	4.11
生产总成本	42.81	308.25	548.00	959.00	1644.00
毛利润	55.66	400.82	712.40	1246.70	2137.20
毛利率	56.52%	56.53%	56.52%	56.52%	56.52%
其他费用	3.29	15.75	26.80	42.24	65.93
短期贷款	0.00	4.25	7.56	9.93	17.02
长期贷款	1.89	1.89	3.28	6.06	6.06
其他支出	1.40	9.61	15.96	26.26	42.85
其他收入/损失	0.00	1.06	2.95	4.37	6.74

所得税	7.85	57.76	102.84	180.67	310.69
净利润	44.51	327.31	582.76	1023.79	1760.58
净利润率	45.20%	46.16%	46.24%	46.42%	46.56%
累计利润	44.51	371.82	954.57	1978.36	3738.95

5.6.2 主要利润指标

单位：百万元	2009	2010	2011	2012	2013
总资产收益率	18.58%	46.16%	41.16%	38.06%	43.67%
净资产收益率	24.07%	79.22%	65.99%	55.28%	65.62%
毛利率	56.52%	56.53%	56.52%	56.52%	56.52%
净利润率	45.20%	46.16%	46.24%	46.42%	46.56%
净利润	44.51	327.31	532.76	1023.79	1760.58
累计利润	44.51	371.82	954.57	1978.36	3738.95

5.6.3 损益表

单位：百万元	2009	2010	2011	2012	2013
销售额	98.47	709.07	1260.40	2205.70	3781.20
生产成本	42.81	308.25	548.00	959.00	1644.00
毛利润	55.66	400.82	712.40	1246.70	2137.20
销售费用	0.20	1.42	2.52	4.41	7.56
管理费用	0.42	2.52	3.36	4.20	5.04
研发费用	0.49	3.55	6.30	11.03	18.91
其他费用	0.30	2.13	3.78	6.62	11.34
营业利润	54.25	391.21	696.44	1220.44	2094.35
财务费用	1.89	6.14	10.84	15.98	23.07
其他收入/损失	0.00	0.00	0.00	0.00	0.00
税前收益	52.36	385.07	685.60	1204.46	2071.27
所得税	7.85	57.76	102.84	180.67	310.69
持续经营利润	44.51	327.31	582.76	1023.79	1760.58
非持续型盈利和损失	0.00	0.00	0.00	0.00	0.00
净收益	44.51	327.31	582.76	1023.79	1760.58

5.7 资产负债表

（略）

5.8 现金流量表

单位：百万元	2009	2010	2011	2012	2013
经营性现金流	53.87	254.75	536.69	810.00	1503.81
净利润	44.51	327.31	582.76	1023.79	1760.58
折旧	7.47	25.50	51.00	68.00	115.60
利息支出	1.89	6.14	10.84	15.98	23.07
投资性收入	0.00	0.00	0.00	0.00	0.00
营运资金净额变动	0.00	-104.20	-107.90	-297.77	-395.45
其他	0.00	0.00	0.00	0.00	0.00
投资性现金流	0.00	0.00	0.00	0.00	0.00
投资	0.00	0.00	0.00	0.00	0.00
长期投资	0.00	0.00	0.00	0.00	0.00
其他	0.00	0.00	0.00	0.00	0.00
财务性现金流	28.11	165.67	301.24	434.87	664.11
短期借款	0.00	141.81	252.08	330.36	567.18
长期借款	30.00	30.00	60.00	120.00	120.00
普通股	0.00	0.00	0.00	0.00	0.00
其他	-1.89	-6.14	-10.84	-15.98	-23.07
净现金流	81.98	420.42	837.93	1244.88	2167.91

5.9 自由现金流

（略）

5.10 现金流折现测算

（略）

点评分析

上述范例在计划书中展示了利润预测表、主要利润指标、损益表、资产负债表、现金流量表和自由现金流等。

在商业计划书中对财务分析的预测，主要是对未来3～5年的数据进行预测，范例选择的预测期限合理，属于中期预测。短期预测是指1年以内的预测，长期预测则是指5年以上的预测。

进行财务预测应遵循连续性原则，从范例的预测数据可以看出，其预测了 2009 ～ 2013 年的数据，遵循了财务预测的连续性原则。范例 5.5 是关于财务假设的内容，财务假设不同得出的数据和结论也会不同，因此，在商业计划书中有必要对财务假设进行说明。

在商业计划书中进行财务预测分析应集中于主要项目，不必面面俱到，以节省时间和费用。在编制各报表时，应注意与公司的财务报表相区别，商业计划书中的财务分析更多的是对未来做预测。在编写过程中，应注意以下要点。

◆ 遵循合理性、保守性原则，不能盲目预估。夸大数字或者给出难以置信的预期回报、利润数据，都会向投资人发出危险信号。相反，在进行财务报表预测时，数据翔实可靠、经得起推敲，会让投资人认为企业值得信赖。

◆ 做财务分析预测，也是企业和创业者对自身项目未来发展情况的一种思考和推演，其能为财务决策提供依据。所以，创业者要重视财务分析和预测。在分析和预测的过程中，结合企业的战略规划，从数字的角度来思考项目的价值、收入与利润。

◆ 财务分析预测看似是一系列数字，但在编制时是有逻辑的。编制者应在充分了解项目的商业模式后，设定合理的假设，同时，按照科学的财务分析方法来进行测算，避免做没有意义的预测。

拓展贴士 *财务分析预测中的收入预测表和成本预测表*

收入预测表主要用于说明项目收入的情况，成本预测表则用于反映项目开支的大体去向。进行收入和成本预测可以先从成本预测开始，对于初创企业来说，成本预测相对容易。对收入的预测有保守、中性、积极 3 种假定，这里主要考虑合理性，如果积极的收入预测是不能实现的，那么就需要进行调整，财务预测达成的可能性至少要在 60% 以上。

在商业计划书 PPT 中，对财务的分析预测不必展示详细的报表和测算过程，只需给出核心数据即可，如图 8-1 所示为某水务项目商业计划书中关于财务预测的内容。

图 8-1　某水务项目商业计划书 PPT 财务预测

8.2.2　财务指标分析预测

财务指标分析包括对盈利能力、偿债能力等的分析，这是在收入、成本预测的基础上，对企业财务状况的评价和说明。在商业计划书中，对财务指标的分析和预测可使用表格或图表来展现。以下为某 3D 打印项目商业计划书中关于财务比率分析的内容。

实例分析　××3D 打印项目商业计划书财务比率分析

6.6　财务比率分析

6.6.1　获利能力比率分析

表 6.10　获利能力比率表

指标	比率	
财务内部收益率（FIRR）	所得税前	33.2%
	所得税后	23.5%
投资回收期（PP）	所得税前	2.55
	所得税后	3.4
财务净现值（FNPV）	所得税前	2.36
	所得税后	2.76

税前投资利润率	64.7%	
投资利税率	68.3%	
税后投资利润率	55%	
资本金利润率	税前资本金利润率	207.99%
	税后资本金利润率	176.79%

注：税前投资利润率 =（税前利润 / 总投资）×100%

投资利税率 =（利税总和 / 总投资）×100%

税后投资利润率 =（税后利润 / 总投资）×100%

税前资本金利润率 =（税前利润 / 资本金）×100%

税后资本金利润率 =(税后利润 / 资本金)×100%

由盈利比率数据得出：公司的毛利率和销售净利率都从第一年到第五年持续上升，说明其获利能力不断增强，成本控制也更好。经过市场的拓展和公司积极的推广，公司业绩必将得到持续增长。此项目体现出很强的盈利和增值能力，具有强大的发展潜力。

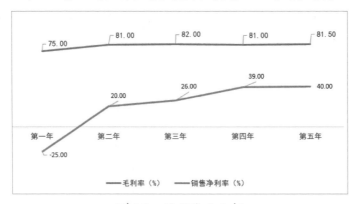

图 6-2　盈利能力分析

6.6.2　项目偿债能力比率分析

从偿债能力数据得出：偿债指标从第一年到第五年不断上升，说明偿债能力在不断增强，债权人利益的安全程度也不断增高；在进入正常运营之后整体表现优秀。资产负债比例稳健，财务风险较低，债权融资能力和短期偿债能力都较强。

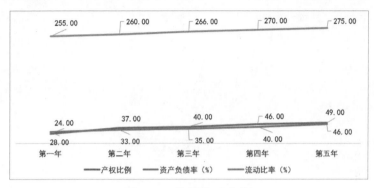

图 6-3　偿债能力分析

6.7　不确定性分析

6.7.1　盈亏平衡分析

……

6.7.2　敏感性分析

……

点评分析

　　上述范例分析了项目的盈利能力和偿债能力，并用图表形式直观地表现出来。从盈利能力的衡量指标来看，范例选用了毛利率和销售净利率两个指标，通过折线图来体现两个指标的增长趋势，直观地说明了企业的盈利能力在不断增强。

　　对偿债能力的预测分析选择了产权比例、资产负债率和流动比率 3 个指标，3 个指标的数据都在适当的范围区间内，分析结论显示了未来企业能够保持稳定健康的运营。

　　范例还对盈亏平衡、敏感性进行了分析。盈亏平衡分析的目的是找出盈亏平衡点（BEP），能够更加科学地判断风险以及项目对各不确定性因素的承受能力。敏感性分析也是用于分析不确定性的方法之一，从各个不确定性因素中找出对项目有重要影响的敏感性因素。通过不确定性分析可预测项目面对不可控风险的抗冲击能力，从而提高决策的科学性和可靠性。

通过财务分析评估企业能力时，需根据企业所处的阶段来选择分析内容，如成熟企业一般需要同时对盈亏情况和盈利能力进行分析和预测，而初创企业由于没有历史盈亏数据，一般只需对盈利能力进行分析预测。

在商业计划书 PPT 中，对企业能力的分析和预测同样不需太过详尽，只需展示图表数据和结论即可，如图 8-2 所示为某商业计划书 PPT 中关于财务分析的内容。

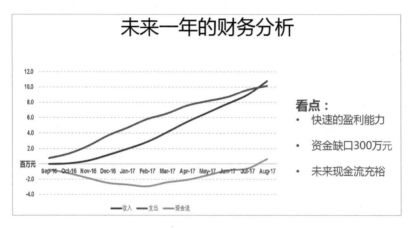

图 8-2　商业计划书 PPT 财务分析

8.3　项目风险说明

制作商业计划书无论是以取得融资，还是以战略梳理、规划发展为目的，都要对项目的风险进行分析和说明，这是风险管理的一种方式，在风险尚未发生之前对潜在风险进行识别，从而提前制定好应对策略。

8.3.1　风险类型分析

进行风险分析首先要识别项目可能存在的潜在风险。根据风险来源和特征的不同，可分为市场风险、政策风险、管理风险、财务风险和技术风险等。

（1）市场风险

每个创业项目都会受行业市场环境的影响，因此，市场风险是每个企业都要考虑的一大风险。市场风险可能来自以下 4 个方面。

◆ **市场条件变化**：*产品原材料价格上涨，供应条件发生变化，会导致成本预测与实际不符，而企业如果调高产品价格，消费者可能会因此放弃该产品，这会给产品效益产生重大影响。*

◆ **市场预测偏差**：*在对市场进行分析预测时，如果预测方法或数据错误，那么对市场供需的预测也会不准确，从而影响决策，给企业带来风险。*

◆ **市场竞争变化**：*市场的竞争格局不会一成不变，如果行业市场前景较好，必定会有新的竞争者加入，这会对本企业的产品销售产生影响。*

◆ **市场需求变化**：*消费者消费习惯、偏好的变化都会导致市场需求发生变化，这会使市场供需总量与企业的预测发生偏离，进而带来风险。*

（2）政策风险

政策风险是因相关法律法规、重要举措的出台而产生的风险。国家的货币政策、财政政策和行业政策等都会对市场环境、价格带来重大影响。比如国家对某一行业出台了限制性政策，这必然给该行业带来风险。

（3）管理风险

企业的管理若出现问题，往往会给自身带来重大风险，如经营不善、人才流失等。管理风险属于内部风险，受管理者素质、管理经验、组织结构、企业文化和管理流程的影响。

（4）财务风险

企业财务管理的过程可能存在风险，财务风险是客观存在的，按照风险的来源可分为筹资风险、投资风险、经营风险、流动性风险和存活管理风险。导致企业产生财务风险的原因有很多，如财务管理人员缺乏防范风险的意识、企业内部财务管理权责不明、财务决策失误等。

（5）技术风险

很多项目都需要研究开发，项目在研究开发的过程中可能会面临技术不成熟、开发过程难等技术风险。技术风险可能会导致研究开发全部或部分失败，进而给企业带来财产损失。

除以上风险外，还有资源风险、自然风险、人力资源风险等。根据各风险对项目的影响程度，可将风险分为不同的等级，如重大风险、较大风险、一般风险和较小风险。在商业计划书中，可按照风险等级排序，优先说明对项目影响程度大的风险类别。

8.3.2　本项目风险预测和应对

任何创业项目都存在风险，不同项目在不同发展阶段所面临的风险特征和重点不同，在商业计划书中不仅要明确风险要素，更要说明应对措施。如下所示为某智能技术公司商业计划书中关于风险分析及控制的内容。

实例分析　**×× 智能技术公司商业计划书风险分析及控制**

第十一章　风险分析及控制

在公司建立之初，我们就意识到，一个创业初期的企业，风险因素是客观存在的，而风险事件是否发生是不确定的，所带来的影响和后果也是不确定的。因此，必须通过对多个风险因素的分析辨识，寻找有效的规避控制对策，进而实施有效的风险管理服务。我们针对各种风险进行了分析，得出有效控制风险的措施。

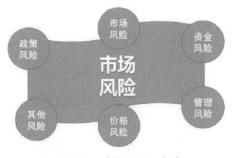

图 11-1　市场风险总览

11.1　政策风险及控制

11.1.1　风险

政策风险是指在建设期或经营期内，由于所处的经济环境和经济条件的变化，致使实际的经济效益与预期的经济效益相背离。对经济环境和经济条件的分析，可从宏观和微观两个角度进行。从我们自身来看，公司面临一般企业共有的政策风险，包括国家宏观调控政策、财政货币政策以及税收政策等，这些可能对公司今后的运作产生一定影响。

11.1.2　对策

① 明确政策风险既是发展的考验关卡，又是前进的关键契机。

② 加强内部管理，提高服务水平，降低营运成本。

③ 努力提升经营效率，形成独特优势，增强抵御风险的能力。

④ 汇聚信息、提炼方案、统一调度，合理确定发展目标。

⑤ 抓住改革时机，剖析政策导向，针对性修整战略。

11.2　市场风险及控制

11.2.1　风险

智能家居属于新兴产业，在国内的普及率并不高，市场依旧不温不火，其应用主要集中在一线城市的高端客户中。我们意识到，目前大多数的产品技术不成熟，概念过于简单，而且行业还处在"乱世"，其标准并没有得到相应的规范。除此之外，产品价格普遍偏高，不能真正被大多数用户所接受，而适合普通用户使用的智能家居产品却少之又少。在缺乏一定产品认知度的现状下，可能会给公司进入市场带来一定影响，对我们迅速拓展业务产生阻碍。

11.2.2　对策

① 做好市场调研，制订完整的市场营销计划，择优实施。

② 建立完整的市场信息反馈制度，加强营销队伍建设。

③ 及时、准确地了解市场供求的变化，分析竞争对手的情况。

④ 通过广告媒体、网络等宣传，提高产品认知度，吸引消费者。

⑤ 积极打造产品体验馆，参与各大展览会，扩大公司知名度。

⑥ 开拓市级总代理商，打通其他省会城市外的二线市场。

⑦ 鼓励各地的代理商辐射周边地带，开拓二级分销商。

11.3　资金风险及控制（略）

11.4　管理风险及控制（略）

11.5　价格风险及控制（略）

11.6　其他风险及控制（略）

　　上述范例结合自身实际分析了项目可能存在的风险，包括政策风险、市场风险、资金风险、管理风险、价格风险和其他风险。在商业计划书中，企业对每项风险都进行了评估，同时有针对性地给出应对对策。通常投资人想了解在面对风险时，企业将采取何种措施来降低或者防范风险。因此，在风险分析部分应采用风险＋措施的写作方式，既要说明潜在风险，还要向投资人展示针对风险的规避措施。

　　那么面对不同的风险有哪些规避措施呢？以下为政策风险、财务风险、市场风险、管理风险和技术风险常见的防范措施，如表8-2所示。

表8-2　常见的风险防范措施

风险类别	防范措施
政策风险	了解并熟悉行业相关政策、法规，避免企业决策与政策相违背。加强内部管理，关注宏观经济、行业政策的变化，以便及时做出反应和调整
财务风险	建立财务风险预警系统，以便在发出风险警告时及时采取应对措施。财务管理人员要加强财务风险意识，避免企业步入财务危机。在内部建立财务监督和控制制度，以减少财务风险的发生

续表

风险类别	防范措施
市场风险	做好市场调研工作，密切关注市场内外部环境的变化，通过有效措施提升自身的竞争力，完善内部的市场风险管理制度，提高企业应对市场风险的能力
管理风险	企业管理者要加强自身的品德修养，提升企业的管理水平和效率。初创企业可以利用组织结构的灵活性来发挥管理优势，同时注重管理经验的学习和积累。采用科学的管理技术，减少管理的随意性，同时培养良好的企业文化，提升员工的凝聚力
技术风险	培养技术人才是降低技术风险的必要措施，如果与其他企业签订了技术开发合同，则要注意防范合同风险，明确约定合同条款以及技术成果的归属

在撰写商业计划书时，要结合企业实际来制定风险防范措施。在对风险进行分析时，还可以根据企业的发展阶段来制定不同的应对措施，以下为某企业商业计划书中关于市场竞争风险和法律政策风险的内容。

 实例分析 **结合企业发展阶段制定风险应对措施**

7.4.2 市场竞争风险应对策略

★发展前期（第 1～3 年）

走出属于自己的特色道路。与市场进行紧密的对接，掌握市场动态的一手资料，与市场信息相匹配。为应对市场风险的冲击，首先要做到了解市场，抓住市场机遇。提高服务质量，做好客户关系管理，吸引更多的消费者来对抗市场风险。

★发展中期（第 4～6 年）

（略）

★发展后期（6 年以上）

（略）

7.4.3　法律政策风险应对策略

★发展前期（第 1～3 年）

（1）公司将加强对有关政策、法规的研究，掌握国家法规政策的最新动态，及时调整公司的发展目标和经营战略。

（2）充分利用国家的优惠政策，提高企业的实力和抗风险能力。

（3）充分发挥本公司在服务质量、管理水平、科研水平和营销模式方面的优势，不断拓展销售渠道、快速抢占市场。

★发展中期（第 4～6 年）

无论互联网金融如何发展壮大，在中国市场，它永远无法跳出法律政策的约束，因此法律政策带来的风险是本项目无法避免的。而无论是何种应对法律政策风险的方法，都有一个框架：摸清政府执行法律政策的底线，尽量规避底线行事，不触碰国家政府的法律底线，避开不必要冲突，尽可能远离可能会造成非法集资误会区域。

★发展后期（6 年以上）

降低法律政策风险最有效的方式就是学习法律法规，遵守企业税务准则，考虑社会的整体利益和长远发展，自觉承担相应的社会责任。做到不偷税、不逃税等。

点评分析

　　针对市场竞争风险和法律政策风险，企业在商业计划书中根据发展前期、发展中期和发展后期 3 个阶段的不同特点制定了应对措施。这可以表明企业对未来发展和风险防范有清晰的规划，能够防患于未然，使企业得以生存和发展壮大。

扫码做习题

扫码看答案

第 9 章　融资计划与退出机制

对投资人来说，投资的目的是获得盈利，在盈利后投资人自然想要顺利退出。因此，在商业计划书中需要告诉投资人项目的融资计划和退出机制，即需要多少资金、资金的用途和资金的退出方式等。

企业估值的方法
投资人股权分配
资金缺口和计划
资金到账方式和时间

扫码获取本章课件

9.1 做好企业的估值和股权分配

估值是企业在接受风险投资时要考虑的一个问题，这决定了企业的融资金额，以及投资人可获得的股权比例，做好估值是企业融资交易的前提。

9.1.1 企业估值的方法

投资人投资一家企业，应该取得多少权益，与企业的价值有关。同一公司即使在 A 轮融资和 B 轮融资，融资估值也会有很大的差异。估值会受财务预测、市场环境、企业所处行业、所处阶段、竞争优势、核心团队和投资人的回报率等影响。企业估值一定要合理，常用的估值方法有以下几种。

（1）市场法

市场法是将被评估资产与近期市场中相同或类似资产的交易价格进行比较，从而确定被评估资产价值的一种方法，也被称为市场价格比较法。市场法包括市场乘数法、最近融资价格法和行业指标法等。市场乘数法常用的估值模型有市盈率估值模型（PE）、市净率估值模型（PB）、市销率估值模型（PS）等。

◆ 市盈率法

市盈率法是私募股权投资中较常用的方法，该估值方法的优点是计算简单，数据获取相对容易。市盈率的计算公式如下所示。

市盈率 = 每股价格 ÷ 每股收益

市盈率估值模型包括历史市盈率估值模型和未来市盈率估值模型，计算公式如下所示。

公司价值 = 公司上一年度或过去 12 个月的利润 × 市盈率

公司价值 = 公司下一年度或未来 12 个月的利润 × 市盈率

以未来市盈率估值模型为例，假设投资人认可的市盈率为 20，预测公司未来 12 个月的利润为 100 万元，那么公司的估值为 100×20=2000 万元。

采用市盈率估值法时，确定企业的合理市盈率很重要，市盈率的具体倍数要根据所处行业、竞争优势以及市场行情来确定。该方法更适合利润稳定、成长稳健的企业。

◆　市净率法

市净率法是从创业企业资产价值的角度进行评估的一种估值方法，计算公式如下所示。

市净率 ＝ 每股价格 × 每股净资产

公司价值 ＝ 目标公司净资产 × 市净率

以净资产来估值，对投资人来说风险相对更低，但对创业企业来说，企业的无形资产不一定会反映在账面价值上，如果采用市净率法来估值，可能会导致企业资产被低估，因此该方法更适合成熟行业、重资产行业，如房地产、钢铁等行业，不适用于知识财产权较多的行业。

◆　市销率法

对很多创业企业来说，可能会出现净资产较低、净利润为负的情况，在这种情况下，无法使用市盈率和市净率来估值，这时就需要采用市销率估值法，计算公式如下所示。

市销率 ＝ 总市值 ÷ 去年 12 个月主营业务收入

市销率 ＝ 每股价格 ÷ 每股销售额

公司价值 ＝ 目标公司销售额 × 市销率

市销率法适用于评价周期性比较强的行业，以及尚未实现盈利、暂时遇到挫折的成长型企业，如互联网企业、制药企业等。

（2）收益法

收益法是将目标企业的预期收益资本化或折现以确定被评估对象价值的一种估值方法，常用方法有自由现金流折现法、股利折现法。

◆　自由现金流折现法

自由现金流折现法中的自由现金流是指企业可以自由支配的现金，计算公示如下所示。

企业自由现金流（FCFF）＝经营活动产生的现金流量－资本性支出

现金流折现的原理很好理解，以投资房产为例，假设以200万元买入一套住房，该住房出租每年的租金为8万元，3年后，卖出该住房，售价为210万元。那么产生的现金流如下：

第一年8万元租金

第二年8万元租金

第三年218万元（8万元租金+210万元住房售价）。

由于当前的5万元与三年前的5万元价值不同，所以会涉及折现率，这就是现金流折现。

使用自由现金流折现法需计算企业未来存续期各年度的现金流量，并按照一定的折现率公式换算成现值，因此需要考虑折现率、年限和增长率，该估值方法更适合现金流增长相对稳定的企业。

◆ 股利折现法

股利折现法较好理解，即将预期股利进行折现以评估企业价值。基本方法是估算资产未来预期的分配股利，选择合理的折现率换算成现值。该估值方法要对股利进行合理预测，更适合股利分配政策较为稳定的企业。

（3）成本法

成本法是基于资产负债表，通过合理评估目标企业的各项资产和负债价值，来确定评估对象价值的方法。该估值方法的优点在于估算的依据比较客观、可靠，并且较易获取，计算简便。缺点在于忽略了无形资产对企业价值的影响，无法对企业未来的获利能力进行预测。

企业估值的方法还有很多，采用不同的方法其结果也会不同，实务中有时需要综合不同的估值思路，或采取多种方法，再选择最优的一种。

拓展贴士 *融资估值的博弈*

实践中，融资估值还会经过询价协商的过程，并不是由谁单方面决定的。一般来说，企业会倾向于抬高估值，而投资人会倾向于压低估值，所以在协商过程中会存在博弈。最后经过合理的协商谈判后，得出一个能让双方接受的估值结果。

9.1.2　投资人股权分配

企业的融资可能会经历好几轮，如 A 轮、B 轮、C 轮融资，每轮融资都会涉及股权分配问题。而每增加一轮融资，创始人的股权就会被逐渐稀释，若股权分配不合理，后期创始人可能会逐步失去公司控制权。那么创始人的股权是如何被稀释的呢？下面来看一个案例。

假设在创业初期，创始人张某持有公司 70% 的股权，罗某持有公司30% 的股权。天使投资人为避免未来引进人才稀释自身股权，要求在资金进入前创立期权池，期权池的比例为 20%，资金进入后自身占 20% 的股权，后面每轮融资新进入的投资者都占 10% 的股权，那么企业经过天使轮、A轮、B 轮、C 轮融资后，股权结构如表 9-1 所示。

表 9-1　股权结构

股东	融资前	天使轮前	天使轮后	A 轮后	B 轮后	C 轮后
张某	70.00%	56.00%	44.80%	40.32%	36.29%	32.66%
罗某	30.00%	24.00%	19.20%	17.28%	15.55%	14.00%
期权池		20.00%	16.00%	14.40%	12.96%	11.66%
天使轮投资			20.00%	18.00%	16.20%	14.58%
A 轮				10.00%	9.00%	8.10%
B 轮					10.00%	9.00%
C 轮						10.00%
总计	100%	100%	100%	100%	100%	100%

从表 9-1 可以看到，创始人张某在融资前占有 70% 的股权，对公司拥有绝对控制权，随着投资人的进入，创始人的股权逐渐被稀释，到 C 轮时仅持有 32.66% 的股权。如果投资人进入时的股权占比越高，经过多轮融资后，创始人的股权会被稀释得越多。

这个案例也告诉创业者，在融资出让股权时，应考虑股权稀释所带来的风险。稀释后的股权占比可以按照以下公式来计算。

稀释后股权占比 = 原股权占比 ×（1 - 出让的股权占比）×100%

如上例所示，天使轮投资进入前，张某的股权占比为 56.00%，进入后的股权占比 =56.00%×（1-20%）×100%=44.80%。

也就是说，稀释后的股权占比是由出让的股权比例所决定的，稀释的股权比例 + 出让的股权比例应为 100%。

在创业早期，合理的股权结构能够保证创始人对企业拥有控制权，因此，股权分配规则应尽早落实。另外，创始团队最好在投资人进入前就明确股权如何分配。一般情况下，股权占比按照投资人出资的多少来确定，即投资人的出资额越高，所持有的股权比例也越大。但为了避免丧失控制权，投资人的股权占比不建议过高。

9.2 明确具体的融资需求

融资需求常常放在商业计划书的尾部，该部分要向投资人阐明项目需要多少资金以及资金的用途。融资计划和资金的使用情况需认真考虑和计算，以体现出合理性和规划性。

9.2.1 资金缺口和计划

大多数商业计划书都是以融资为目的而撰写的，因此，说明资金缺口和计划是极为重要的。

（1）资金缺口

融资的具体金额应在商业计划书中明确，在撰写商业计划书时，可使用表格或环形图表呈现融资需求，以直观地反映公司发展需要多少资金。融资需求的合理性很重要，如果金额太低，可能会导致资金无法满足企业成长发展的需要；如果金额过高，投资人不得不考虑投资风险，他们可能会因风险过大而拒绝投资。在确定融资金额时，应考虑以下因素。

◆ 企业所处阶段

在不同的发展阶段，企业所需的资金是不同的，本书将企业分为种子期、初创期、成长期和成熟期企业。一般来说，种子期企业的融资主要来源于个人投资人、天使投资人、创投基金，企业此阶段产品还处于开发阶段，风险高，同时，资金需求量不会很高。

企业进入初创期后，资金主要来源于风险投资人和风险投资公司，此阶段企业需要资金购买设备、开发产品和营销推广等，资金需求量会提高，创业者应考虑需要多少资金来支持以上活动。

在成长期，企业既需要维持正常的经营，也需要开拓市场，因此需要大量资金，资金主要通过原投资人增资和新投资人进入获得。

成熟期的企业往往有上市的需求，对外部资金的需求没有前期那么迫切，可选择的融资渠道相对更多，而风险投资常会借助企业上市而成功退出。

◆　企业实际需求

企业融资需要考虑自身实际需求，考虑到市场环境的变化，融资需求最好大于实际需求，这样才能保证融得的资金能够满足企业运营发展的需要。另外，企业如果获得了足够的融资金额，也能提高应对风险的能力。

融资并不是一件简单的事，每轮融资都会耗费创业者很多时间和精力，所以，不建议企业进行多次小规模的融资。

（2）使用计划

在商业计划书中应告诉投资人企业将如何使用这笔资金，该部分内容要体现出规划性。资金使用计划应充分考虑企业面临的发展情况和目标，按照实际需求进行计划，一般要预设未来 12 个月的资金使用规划，并以表格或图表形式列举。

拓展贴士　*企业融资现金流的分析*

融资是一项很耗费时间的工作，在融资过程中，企业应分析现金流的大小，至少留有不低于 6 个月的现金储备，以避免在融资过程中企业无资金可用。另外，如果风险投资人知道企业现金流有问题，有时也会在融资洽谈过程中压低价格，所以，企业需有充足的现金储备，让企业能坚持到获得资金。

9.2.2 资金到账方式和时间

资金的到账方式因融资渠道的不同而不同，一般来说，若融资渠道是风险投资，那么资金往往不会一次性到账，而是会分批到账。为避免双方因资金到账方式和时间产生分歧，在商业计划书中需标明资金的到账方式和时间。另外，也可在融资合同中约定资金的到账方式和时间。如下所示为某融资合同中关于融资额度及打款的条款约定。

第五条：融资额度及打款

1. 为最大限度保护甲乙双方的权益最大化，甲方对融资额度设定最低金额，本次融资额度最低 _____ 万元人民币。

2. 签订融资协议后，乙方须一次性将资金打入双方共同账户，取款须经双方签字确认。

在实践中，也存在企业与风险投资签订协议后，投资人迟迟不打款的情况。为降低风险，企业有必要进行前期的反向尽调，即调查投资人的行业口碑、既往案例、机构基本情况等。反向尽调可通过公开渠道和非公开渠道来调查。

- ◆ 公开渠道：是指通过官方网站了解投资人的工商注册信息、许可信息、财务情况、资金稳定性和投后管理等。
- ◆ 非公开渠道：是指通过其他投资人、合作伙伴来了解个人投资者和投资机构的素质以及实际的合作案例。

在融资过程中，企业要增强识别能力，在考察投资人时，不能只听投资人自己的介绍，还要多方面调查，掌握更多信息。另外，在协议中有必要约定违约责任，一旦投资人违约，这就是一种有效的救济手段，如下所示为某融资协议中关于违约责任的内容。

第十一条：违约责任

1. 若甲方不履行诚信义务，向乙方隐瞒、虚报相关资料和数据，则甲方赔偿乙方违约金 _____ 元，本协议自动终止。

2. 若乙方签订本协议后不按协议时间在共同账户打入协议投资金额，赔偿甲方违约金 _____ 元，本协议继续有效。

9.2.3　融资计划内容撰写

商业计划书的融资计划部分可以由项目创始人、财务经理或企划经理来撰写，下面以某软件公司商业计划书为例，来了解这部分内容的特点。

 ×× 软件公司商业计划书融资计划

第七章　财务分析与融资计划

7.1　收入预测（略）

7.2　成本费用预测（略）

7.3　损益表（略）

7.4　现金流量表（略）

7.5　公司价值评估（略）

7.6　融资计划

7.6.1　融资规模及准备出让的股权比例

依据公式（7-1）的计算，本期融资完成以后公司总价值为17645.08 万元人民币，×××× 本期计划募集资金 2500 万元人民币，以优惠价格出让本期融资后总股本的 20%。

7.6.2　资金运用计划

×××× 计划引进总金额为 2500 万元的投资，当期主要用于下列目的：

（1）引进更多软件开发人员、引进金融量化分析人才及数理统计专才、购置对应设施并支付开发费用：500 万元。

（2）软件产品营销预算：1000 万元。

（3）补充硬件代理和系统集成的流动资金：1000 万元。

×××× 未来 6 年内的资金来源与运用情况如表 7-10 所示：

表 7-10　资金来源及运用表（单位：万元人民币）

序号	年份＼项目	第一年	第二年	第三年	第四年	第五年	第六年
1	资金来源	7164.53	6099.64	8544.37	10946.16	13889.71	15952.11
	利润总额	4539.24	5914.35	8349.08	10740.87	13674.42	15852.11
	折旧及摊销费	125.29	185.29	195.29	205.29	215.29	100.00
	股权融资	2500.00	0.00	0.00	0.00	0.00	0.00
2	资金运用	1980.89	937.15	1302.36	1661.13	2101.16	2427.82
	固定资产投资	300.00	50.00	50.00	50.00	50.00	50.00
	流动资金投资	1000.00	0.00	0.00	0.00	0.00	0.00
	所得税	680.89	887.15	1252.36	1611.13	2051.16	2377.82
3	盈余资金	5183.64	5162.49	7242.01	9285.03	11788.55	13524.29
4	累计盈余资金	5183.64	10346.13	17588.14	26873.17	38661.72	52186.01

点评分析

　　融资计划内容的页数一般不多，说明资金需求和用途即可。上述范例中的软件公司在商业计划书中阐述了资金需求和运用计划。说明了引入的投资当期主要用在哪些地方，同时，对未来资金的运用做了规划。以表格形式展示资金使用计划更一目了然，该范例是以财务分析的方式来说明未来 6 年内的资金来源与运用情况。

　　在具体撰写商业计划书时，如果仅说明当期融资资金的使用规划，则只需列明资金流出的具体项目和金额即可，如表 9-2 所示为某商业计划书中关于融资资金使用明细的内容。

表 9-2　融资资金使用明细表

（单位：万元）

名称	金额
1、固定资产	
营业用设备	31
办公用固定资产	16.8
其他固定资产	3.6
2、长期待摊费用	
开办费	9
库房及办公室租金	26.4
广告费	5
其他与筹建有关的费用	1.2
3、周转资金	207
总投资合计	300

对于出让股权的融资项目来说，融资金额还可使用以下公式计算。

融资金额 = 项目估值 × 稀释股权比例

如此，项目估值就更重要。因此，在部分商业计划书中会将估值与融资需求结合起来撰写，说明估值后再告诉投资人创始人会转让多少股权来融资，融资金额是多少。

商业计划书中提出的融资需求是期望的融资金额，实际企业能融得的资金与期望金额可能会存在差异。在商业计划书中不必将融资金额计算得非常精准，特别是早期融资，一般只需估算出大致的区间范围即可。但预估的金额一定要建立在合理估算的基础上。

在商业计划书 PPT 中，一般只用一页 PPT 说明融资需求和计划即可。如图 9-1（上图）所示为某鲜花配送项目商业计划书 PPT，如图 9-1（下图）所示为某酒类电商平台商业计划书 PPT。两份商业计划书分别以表格和圆环图表来说明融资计划，这两种表现方式都适于 PPT 展示。

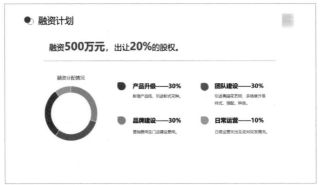

融资计划

融资额度	500万元	融资方式	出让40%股权
项目用途		金额（万元）	
企业平台建设		50	
固定资产投入		50	
研发经费		50	
仓库及备货		150	
营销推广		100	
实体店建设		100	
退出机制			
上市退出			

图 9-1　商业计划书 PPT 融资计划

9.3　投资者的资金退出方式

一般来说，风险投资人在获得足够回报后，就想退出风险企业，然后开始下一轮投资。如果企业发展不顺利，投资人也想要抽离该企业。那么，风险投资的退出方式有哪些呢？下面一起来了解主要的几种退出方式。

9.3.1　上市退出

上市退出是投资人愿意看到的一种退出方式，也是理想的一种退出方式，这意味着企业发展良好，投资人退出也能获利不少。当然，对于创业公司来说，上市有很多好处，如提高公司知名度、扩大经营规模、开辟新的融资渠道等。

但不管是境内上市，还是境外上市，都是有门槛的，并不是所有公司都能成功上市。以主板市场发行上市为例，根据《首次公开发行股票并上市管理办法》，发行上市有以下一些主要条件，如表 9-3 所示。

表 9-3　发行上市主要条件

条件	具体要求
主体资格	① 依法设立且合法存续的股份有限公司 ② 发行人自股份有限公司成立后，持续经营时间应当在 3 年以上，但经国务院批准的除外 ③ 发行人最近 3 年内主营业务和董事、高级管理人员没有发生重大变化，实际控制人没有发生变更
公司治理	① 已经依法建立健全股东大会、董事会、监事会、独立董事、董事会秘书制度，相关机构和人员能够依法履行职责 ② 董事、监事和高级管理人员符合法律、行政法规和规章规定的任职资格 ③ 内部控制制度健全且被有效执行，能够合理保证财务报告的可靠性、生产经营的合法性、营运的效率与效果 ④ 公司章程中已明确对外担保的审批权限及审议程序，不存在为控股股东、实际控制人及其控制的其他企业进行违规担保的情形 ⑤ 有严格的资金管理制度，不得有资金被控股股东、实际控制人及其控制的其他企业以借款、代偿债务、代垫款项或者其他方式占用的情形
相关主体合规性	董事、监事和高级管理人员不得有下列情形： ① 被中国证监会采取证券市场禁入措施尚在禁入期的 ② 最近 36 个月内受到中国证监会行政处罚，或者最近 12 个月内受到证券交易所公开谴责 ③ 因涉嫌犯罪被司法机关立案侦查或者涉嫌违法违规被中国证监会立案调查，尚未有明确结论意见 发行人不得有下列情形： ① 最近 36 个月内未经法定机关核准，擅自公开或者变相公开发行过证券；或者有关违法行为虽然发生在 36 个月前，仍处于持续状态 ② 最近 36 个月内违反工商、税收、土地、环保、海关以及其他法律、行政法规，受到行政处罚，且情节严重

续上表

条件	具体要求
相关主体合规性	③ 最近 36 个月内曾向中国证监会提出发行申请，但报送的发行申请文件有虚假记载、误导性陈述或重大遗漏；或者不符合发行条件以欺骗手段骗取发行核准；或者以不正当手段干扰中国证监会及其发行审核委员会审核工作；或者伪造、变造发行人或其董事、监事、高级管理人员的签字、盖章 ④ 本次报送的发行申请文件有虚假记载、误导性陈述或者重大遗漏 ⑤ 涉嫌犯罪被司法机关立案侦查，尚未有明确结论意见 ⑥ 严重损害投资者合法权益和社会公共利益的其他情形
财务指标	① 最近 3 个会计年度净利润均为正数且累计超过人民币 3000 万元，净利润以扣除非经常性损益前后较低者为计算依据 ② 最近 3 个会计年度经营活动产生的现金流量净额累计超过人民币 5000 万元；或者最近 3 个会计年度营业收入累计超过人民币 3 亿元 ③ 发行前股本总额不少于人民币 3000 万元 ④ 最近一期末无形资产（扣除土地使用权、水面养殖权和采矿权等后）占净资产的比例不高于 20% ⑤ 最近一期末不存在未弥补亏损 根据《关于开展创新企业境内发行股票或存托凭证试点的若干意见》等规定认定的试点企业，可不适用第①项、第⑤项规定

从表 9-3 可以看出，上市对公司的要求很高，这也使很多公司达不到上市的要求。除要满足上市的条件外，公司上市还需遵循法律程序。

公司在有上市打算前就要做好充足的准备，盈利能力问题、主体资格缺陷、信息披露质量差等原因都可能导致上市失败。无论公司选择在境内还是在境外上市，都应了解清楚上市的标准以及审核要求。

虽然公司不能保证未来一定能上市，但是在商业计划书中描述上市的愿景，提供上市退出机制是投资人乐于见到的。

拓展贴士　*公司上市的信息披露*

公司首次公开发行股票并上市应按照证监会的有关规定编制和披露招股说明书。其中，招股说明书应按照规定的内容和格式书写，凡是对投资者作出投资决策有重大影响的信息，均应当予以披露。

9.3.2　并购退出

由于上市的门槛较高，审核时间较长，很多投资人并不能通过上市退出，并购就成为投资人退出的一种方式。并购包括兼并和收购两层含义。

◆ **兼并**：是指两家或两家以上的企业合并成为一家企业，一般是由大型企业或者上市公司吸收一家或者多家企业。

◆ **收购**：是指用现金或者有价证券购买其他企业的股权或资产，从而获得对该企业的控制权。

企业并购后，投资人可以继续持有股权或者直接退出。以并购退出投资人获得的收益率比以上市退出要低，但是，并购退出有以下优势。

灵活高效。相比上市退出，并购退出更高效、灵活，对于企业的资产规模、行业类型、财务要求、内部管理等没有规定约束，只要企业之间能够达成一致，就能完成并购，大大减少了不确定因素，也能提高资本运作效率。

时间更短。并购的退出程序更为简单，投资人退出花费的时间更短，并购交易完成后，投资人通常能一次性全部退出，退出所获得的预期回报也是明确的。而公司上市后，根据规定原始股东转让股份需经过一定解禁期，这就使投资人要分批次才能实现全部退出，花费的时间较长。另外，公司的股票会受股价波动的影响，这也使投资人的退出回报具有不确定性。

当上市退出遇到挑战时，风险投资人和私募投资人常会选择并购退出这种方式。但并购退出也存在一些弊端，主要表现在以下方面。

① 企业并购后控制权可能发生转移，这使企业管理者可能并不支持并购，甚至抵制并购，导致企业的并购变得复杂。

② 目标企业要找到合适的并购方并不是件容易的事，这是因为并购所需花费的资金较多，对并购方实力有要求，能够实施并购的大中型企业数量较小。

③ 从收益率来看，并购退出的收益率比上市退出要低，投资人为了能够快速退出，可能导致企业被低估，从而进一步损失收益。

并购是行业的一种整合方式，这种退出方式既有优势也有劣势，企业如果选择这种退出方式，那么在商业计划书中就要展现这种退出方式能够有效缩短退出时间，减少时间和机会成本。

9.3.3 股权回购

股权回购是指由管理层购回投资人手中持有的股权，这也是投资人资金退出的一个渠道。股权回购退出方式，回购价格的确定是一个比较重要的问题。一般由投资人与公司协商确定回购价格，在具体确定回购价格时，可参考以下思路。

①以投资人的出资额乘以固定系数。

②以公司估值来确定，以估值乘以投资人所占的股权比例。

③由股东共同认可的第三方机构评估待回购股权的公允市场价格。

对于股权回购，《公司法》有以下规定。

第七十四条 有下列情形之一的，对股东会该项决议投反对票的股东可以请求公司按照合理的价格收购其股权：

（一）公司连续五年不向股东分配利润，而公司该五年连续盈利，并且符合本法规定的分配利润条件的；

（二）公司合并、分立、转让主要财产的；

（三）公司章程规定的营业期限届满或者章程规定的其他解散事由出现，股东会会议通过决议修改章程使公司存续的。

自股东会会议决议通过之日起六十日内，股东与公司不能达成股权收购协议的，股东可以自股东会会议决议通过之日起九十日内向人民法院提起诉讼。

9.3.4 股权转让

股权转让退出也是一种重要的退出方式，是指股东依法将自己的股份让渡给他人，从而实现退出。如果公司无法通过 IPO 上市，那么股权转让退出是不错的退出方式，这种退出方式具有以下优势。

①风险投资人能够通过股权转让快速收回资金，实现完全退出，这能

够缓解股权投资机构的流动性压力，在收回资本后，投资人可以开始新一轮的投资。

②股权转让退出在企业的任何发展阶段都可以进行，这使股权转让退出具有实际意义和可操作空间。

股权转让的劣势在于其投资回报没有 IPO 上市高，而且内部决策程序的复杂性可能会影响股权转让的实现。有限责任公司的股东之间可以相互转让股权，若股东要向股东以外的人转让股权，则要经其他股东过半数同意。

经股东同意转让的股权，在同等条件下，其他股东有优先购买权。两个以上股东主张行使优先购买权时，协商确定各自的购买比例；协商不成的，按照转让时各自的出资比例行使优先购买权。公司章程对股权转让另有规定的，从其规定。

依照《公司法》第七十一条、第七十二条转让股权，公司需要注销原股东的出资证明书，向新股东签发出资证明书。

如果公司无法上市，对投资人来说，选择股权转让退出往往也能获得不错的投资回报。因此，股权转让退出也是私募股权基金较为常用的一种退出方式。

9.3.5　清算退出

清算是投资人不愿看到的一种退出方式，这意味着公司可能面临倒闭，投资人此次投资失败。清算退出有两种方式：一是破产清算；二是解散清算。

◆ **破产清算**：是指公司不能清偿到期债务，被依法宣告破产而进行清算。破产清算可由债务人提出申请（自愿性申请），也可以由债权人提出申请（非自愿性申请）。根据《企业破产法》，债务人提出申请的，应当向人民法院提交财产状况说明、债务清册、债权清册、有关财务会计报告、职工安置预案以及职工工资的支付和社会保险费用的缴纳情况。债权人提出申请的，债务人应当自裁定送达之日起 15 日内，向人民法院提交以上相关报告。

◆ **解散清算**：是指经营期满或者因其他原因导致不宜或者不能继续经营时，公司自愿或被迫解散而进行清算。解散清算的成本较高，且花费的时间较长，因此，有的项目即使投资失败也不会采用这种清算方式。公司因为法定原因解散的，要成立清算组，并在规定期限内进行清算。

根据《公司法》的规定，公司一般因下列原因解散。

① 公司章程规定的营业期限届满或公司章程规定的其他解散事由出现。

② 股东会或者股东大会决议解散。

③ 因公司合并或者分立需要解散。

④ 依法被吊销营业执照、责令关闭或者被撤销。

⑤ 人民法院依照《公司法》第一百八十二条的规定予以解散。

公司分为有限责任公司和股份有限公司，其中，有限责任公司的清算组由股东组成；股份有限公司的清算组由董事或者股东大会确定的人员组成。清算组在清算期间行使下列职权。

◆ 清理公司财产，分别编制资产负债表和财产清单。

◆ 通知、公告债权人。

◆ 处理与清算有关的公司未了结的业务。

◆ 清缴所欠税款以及清算过程中产生的税款。

◆ 清理债权、债务。

◆ 处理公司清偿债务后的剩余财产。

◆ 代表公司参与民事诉讼活动。

若清算组在清理公司财产、编制资产负债表和财产清单后，发现公司财产不足以清偿债务，应依法向人民法院申请破产。

对投资人来说，虽然清算退出并不是理想的退出方式，但是，果断退出也能尽可能地减少损失，将资金收回后找寻新的项目进行投资。

9.3.6　投资退出方式说明

在商业计划书中要说明主要以及可能的退出方式，对于清算退出方式，应说明可能存在清算风险，但企业会采取相关措施来防范风险，从而让投资人对项目投资更有信心。以下为某药业公司商业计划书中关于退出方式的内容。

 ×× 药业公司商业计划书退出方式

第九章　资本运作整体方案

……

一、利润分红

……

二、股票公开上市

公开上市是资本的最佳退出方式，它可使风险投资获得数倍、数十倍甚至上百倍的回报，因而它也是投资者所追求的一种退出方式。主要包括：

（一）通过主板市场上市。

（二）国家政策倾斜，申请在高科技企业板块上市。

（三）在海外上市。

（四）与其他公司捆绑在一起上市，包括和风险投资公司一起申请上市。

（五）出售给已经上市的公司。

（六）出售给其他包括境外的投资基金。

根据国内主板和深圳中小企业板的上市条件，公司董事会认为，在中小企业板上市和在主板上市完全相同的条件下，公司现存状况很难满足这一条件，因此，公司董事会认为，公司优先考虑海外融资，初步确定了海外上市的整体方案。

……

三、股份转让退出

股份转让有股东之间和股东与新投资人之间协议转让两种方式。

由于境内对企业上市有限制，大部分股份制企业退出方式均是溢价协议转让。一般而言，股份制企业溢价幅度相对高于同期银行长期存款利息。

......

四、股份回购退出

回购是资本市场上常见的一种运作方式，当企业发展规模不大时，可以直接利用股权回购的形式退出；当企业规模太大，股权回购有困难时，则可以考虑多种退出方式并用，以增加退出的可能性。××药业在运用各种资本运营工具进行融资并高速平稳发展后，公司的资金实力必将非常雄厚。此时，××药业有可能调整业务发展速度，拿出一部分现金回购要求退出的股份。在××年后，××药业承诺在投资者没有更优的投资退出方案时可以溢价回购投资者的股份。

五、兼并收购退出

尽管收购退出与IPO退出相比，投资收益率更低，而且以企业的管理权丧失为代价。但收购仍然是一个颇具吸引力的退出方式。采用收购方式退出主要有以下几种基本类型：

......

点评分析

上述范例在商业计划书中对几种退出方式进行了详细说明，也让投资人看到了几种退出方式的特点。其中，利润分红虽然不能实现风险资本的快速退出，但投资人可通过分红的方式逐步收回投资，因此，范例也向投资人展示了利润分红这种资本运作方式，能让投资人更加相信公司的实力。

扫码做习题

扫码看答案

第 10 章　商业计划书实战分析

本章将结合不同行业商业计划书案例进行分析，介绍商业计划书撰写的一些技巧，提升商业计划书对投资人的吸引力。

餐饮食品商业计划书
智能科技商业计划书

扫码获取本章课件

10.1　餐饮食品商业计划书

在生活质量越来越高的当下，人们的饮食喜好也在发生变化，这给餐饮食品行业带来了机遇和挑战。本案例是一个速食产品项目，以下为该案例的部分内容。

 ×× 速食产品商业计划书

第一章　摘要

1. 市场背景

近年来，随着经济的发展，人们的生活节奏越来越快，快节奏的生活，增加了人们对速食产品的需求，因此，方便面、方便粉丝等速食产品便应运而生。与此同时，随着经济水平的提高，人们对食品的要求已不仅仅是吃饱，而是开始注重营养和健康。当前速食产品市场的结构单一性与消费者对健康、营养、多样化食品的需求不可避免地构成了矛盾。

……

2. 产品简介

米豆腐是 ×× 地区人民所喜爱的一种风味小吃。本公司将米豆腐加工成为新一代健康、营养、方便的绿色速食产品。产品营养价值高、清凉爽口、老少皆宜，有着独特的地方风味以及文化底蕴。

3. 实施计划

在 ×× 及周边地区还没有同类产品（米豆腐）出现的前提下，我公司计划将 ×× 米豆腐作为一个速食品牌产品，实现其工业化生产。公司将实行一体化道路，经营各种地方风味的可速食化产品（×× 米豆腐为本公司第一期产品），最后成为速食品行业的强势企业，将独具中国特色的速食产品推向国际。

我们坚信凭借我们的知识、能力、勇气、热情必将取得成功！

第二章　产品介绍

······

第三章 公司介绍

······

2.商业模式

本公司的商业模式是建立在产业属性之上的、是竞争对手难以模仿的。通过市场调研以及对产业资料的调研，在深入了解竞争对手和自身的优势与不足之后，我们将××米豆腐的产业属性定义为：公司是一个以地域文化为依托，以米豆腐为载体的品牌化饮食供应商，其突出的特色是一种根植于中国大地的传统绝活，传承百年的食品制作技艺。

基于对核心竞争力的理解，一套基于米豆腐、加工方法、餐饮业三元互动和立体多维化的商业运作模式呈现了出来。

商业运作模式如下：

××米豆腐 →	加工方法 →	速食化工艺 →	加盟餐饮

供应系统	制造系统	销售系统	终端客户
主料：糙米、凝固剂等 辅料：酱包、调料包等	工业化生产终端产品	超市、便利店、加盟店直销	白领、蓝领、学生等对速食品有需求人群
主料：糙米、凝固剂等 辅料：豆瓣酱、小葱等	工业化生产第二阶段产品	加盟店直销	喜爱米豆腐的目标消费者
主料：糙米、凝固剂等	工业化生产第一阶段产品	食堂、餐饮店	一般广泛消费者

这套商业模式，超越了产品本身，通过深度挖掘本产品的特点与亮点，创造新的饮食文化，引导消费。

连锁加盟经营的餐饮模式成为项目持续运作的发展之路，项目从整体上呈现出以米豆腐为载体的产品市场，以××文化为依托的品牌市场，以连续加盟为主导的资本市场同步发展的良好格局。

......

第四章　市场分析

第五章　市场营销

第六章　财务分析

附件1：财务报表

附件2：加盟店合同书

附件3：××食品有限公司产品企业标准

点评分析

　　上述范例重点展示了摘要和商业模式两部分内容。商业计划书的摘要忌啰唆，范例从市场背景、产品简介和实施计划3个方面来撰写摘要，讲清楚了市场痛点、产品特点以及如何抓住市场机会。内容能够让人对项目感兴趣，并有读下去的欲望。

　　商业模式就是描述项目通过什么途径或方式来实现商业目的，表达丰富而有逻辑。商业模式描述起来可能较复杂，如何将复杂的内容用通俗易懂的语言表达出来，是这部分内容撰写的要点。

　　范例用正文＋表格的表现形式介绍了本项目商业模式的基本逻辑，从节选内容可以看出，项目的商业模式是易于理解的，企业要实现商业目的会经过供应→制造→销售→客户的流程，清晰地展现实现商业目标的具体路径。

　　在撰写商业计划书摘要时，有时会写成企业或产品的描述。实际上，摘要的目的是吸引投资人并让对方渴望获取更多信息，所以摘要应从推销的角度来撰写，简明而生动的概括是摘要撰写的要点。

　　摘要可以包含公司简介、产品与服务、市场背景、营销计划和公司管理等内容，在具体撰写时应根据实际需要增减内容。摘要的内容一般在1～2页即可，撰写时可运用以下技巧。

◆　将内容重点放在结论阐述上，不必详细分析细节。

◆　投资人关心的核心问题不能少，如公司的目标市场、主要产品和技术、竞争优势。

◆　动笔前先阅读商业计划书的主体内容，提炼出主要内容后再撰写摘要。

◆　撰写摘要前先明确要将计划书给谁看，了解投资人的兴趣、背景以及他们看商业计划书的侧重点，然后再有针对性地撰写。

◆　摘要应开门见山，让人可以立即抓住重点，同时避免摘要部分出现低级错误，如错别字和逻辑问题等。

在商业计划书中撰写商业模式时，可从两方面来撰写：一是商业目标是什么；二是如何利用商业资源实现目标，即盈利模式。

商业目标。商业目标一般就是创业的目的，撰写商业目标时应避免将目标写成"赚××钱"，而应体现出商业目标的价值，如打造高品质便携咖啡。

盈利模式。虽然不能将商业模式简单地等同为盈利模式，但是盈利对每个商业模式来说都是极为重要的，在阐述时有必要说明项目是如何盈利的。

在撰写商业计划书时，如果商业模式不便用文字进行阐述，则可借助图示进行表达，以流程图的方式展示商业逻辑，如某餐厅的商业模式是生鲜产品→中央厨房→加盟店/直营店（食品加工费/加盟费、销售收入）→客户。

10.2　智能科技商业计划书

"智能"是科技、互联网行业常见的热词，随着科技的发展，AI、5G、机器人、AR 等成为行业大热的话题，智能技术逐渐被应用于各个领域。本案例是某智能化服务平台项目制作的商业计划书 PPT，下面将通过本案例来介绍商业计划书 PPT 撰写的一些实用技巧。

实例分析 ×× 智能化服务平台商业计划书 PPT

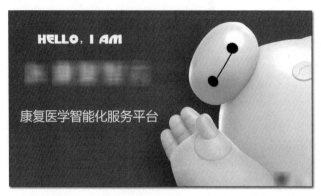

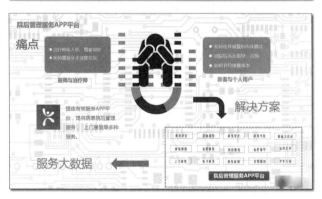

康复互动治疗体感游戏展示（PPT 略）

智能化平台与体感游戏部分成品展示（PPT 略）

市场规模（PPT 略）

创始团队（PPT 略）

医学团队（PPT 略）

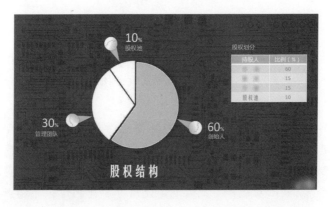

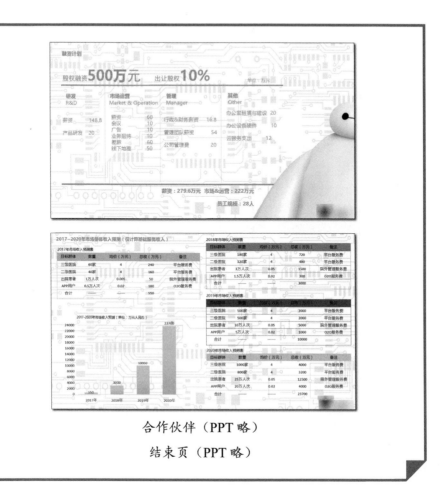

合作伙伴（PPT 略）

结束页（PPT 略）

从上述范例展示的内容可以看出该商业计划书 PPT 的整体框架，是按痛点分析→产品介绍→市场分析→盈利分析→团队介绍→股权与融资→财务预测的结构来撰写的。

第一页用项目定位来当标题，即康复医学智能化服务平台。随后直接进入主题，用简短的篇幅来说明用户痛点以及产品情况。在商业计划书 PPT 中产品介绍部分所用的篇幅可稍多，一般可控制在 1～3 页，以便说清楚产品优势、核心功能等。上述范例使用了 3 页 PPT 来介绍产品，展示了产品是如何解决用户痛点的。

竞品分析的结论如果不客观、不专业，很容易让投资人对公司或产品产生质疑。范例将自身的产品与市场上已有的产品进行比较，分析各自的优劣势，能够体现自身的核心竞争力以及团队的专业度。

盈利模式应体现可行性，范例简洁明了地阐述了项目是如何产生收入的，精简清晰、一目了然。股权结构、融资计划、收入预测等内容都使用了图表，这运用了商业计划书 PPT 制作的一个技巧：能使用图表的不使用文字。相比大段文字，图表更适于路演型 PPT 展示。

从范例的整体排版来看，是以简洁美观为原则，字号和配色风格和谐统一。当 PPT 中的图片、表格较多时，让图片和表格大小一致，同时对齐摆放，使 PPT 看起来舒适整齐，这也是值得借鉴的一个技巧。

商业计划书 PPT 不仅要重视内容制作，还要注重排版美化，既体现专业性，也使 PPT 在视觉上更美观。在具体制作商业计划书 PPT 时，有以下技巧可以运用。

- ◆ 在商业计划书 PPT 中，针对用户痛点内容可使用关键词来体现，不必使用大段的文字内容，如成本高、难吃、不健康、价格贵等。

- ◆ PPT 中应尽量避免出现大段文字，能用图表、图片、流程图、模型说明的，尽量不用纯文字来解释，以降低理解难度。

- ◆ 重点内容，如关键数据、成果、结论等，使用加粗或变色的方式突出显示，方便投资人一眼抓住重点。

- ◆ 当 PPT 中文字内容较多时，要注意精简内容，让页面更简洁。

- ◆ 根据项目特点选择合适的 PPT 模板，如环保项目可以选择绿色但不花哨的 PPT 模板，医疗项目可以选择白色、蓝色系 PPT 模板，餐饮项目可以选择橙色系模板，合理地运用色彩能够有效传递信息，加深投资人对商业计划书 PPT 的印象。

扫码做习题

扫码看答案